문학과지성 시인선 140

# 나의 우파니샤드, 서울

김혜순 시집

**문학과지성사에서 펴낸 김혜순의 시집**

또 다른 별에서(1981)
아버지가 세운 허수아비(1994)
우리들의 陰畫(1990, 개정판 1995)
불쌍한 사랑 기계(1997)
달력 공장 공장장님 보세요(2000)
한 잔의 붉은 거울(2004)
당신의 첫(2008)
슬픔치약 거울크림(2011)
피어라 돼지(2016)
어느 별의 지옥(2017, 시인선 R)
날개 환상통(2019)
지구가 죽으면 달은 누굴 돌지?(2022)



문학과지성 시인선 140
## 나의 우파니샤드, 서울

초판  1쇄 발행  1994년 5월 25일
초판 13쇄 발행  2024년 9월 4일

지 은 이  김혜순
펴 낸 이  이광호
펴 낸 곳  ㈜문학과지성사
등록번호  제1993-000098호
주      소  04034 서울 마포구 잔다리로7길 18(서교동 377-20)
전      화  02)338-7224
팩      스  02)323-4180(편집)  02)338-7221(영업)
전자우편  moonji@moonji.com
홈페이지  www.moonji.com

ⓒ 김혜순, 1994. Printed in Seoul, Korea

ISBN 89-320-0689-X 02810

이 책의 판권은 지은이와 ㈜**문학과지성사**에 있습니다.
양측의 서면 동의 없는 무단 전재 및 복제를 금합니다.

문학과지성 시인선 140

# 나의 우파니샤드, 서울

김혜순

1994

自 序

시는 아마 길로 뭉쳐진 내 몸을 찬찬히 풀어,
다시 그대에게 길 내어주는,
그런 언술의 길인가보다.
나는 다시 내 엉킨 몸을 풀어
그대 발 아래 삼겹 사겹의 길을……

그 누구도 아닌 그대들에게,
이 도시 미궁에
또 길 하나 보태느라 분주한 그대들에게
이 시집을 바친다.

너 이 놈, 나 죽었단 말 못 들었니?
나쁜 놈, 내 장례식에도 오지 않고.

1994년 5월
김 혜 순

나의 우파니샤드, 서울

차 례

自 序

I

(비)/11
너와 함께 쓴 시/12
참 오래 된 호텔/14
여자들/16
날 개/19
낮 잠/20
벼랑에서/22
눈동자 속/24
캄 캄/26
기다림에 관하여/28
新派로 가는 길 5 /30
부안군 변산면 마포리 하섬/32
서울 3느 9916/35
블라인드 쳐진 방 1/37
블라인드 쳐진 방 2/39
블라인드 쳐진 방 3/41
블라인드 쳐진 방 4/43
타클라마칸/45
아직도 서 있는 죽은 나무/46

月岳山/47
어쩌면 좋아, 이 무거운 아버지를/49
출구를 찾아라/51
자동 인화기/53
대관령/56
저 새/58
숨은 감자/59
땀/61
저녁 달/63
희디흰 편지지/64


Ⅱ
서울의 밤/69
서울의 새벽/70
사월 초파일/72
서울의 흥부/75
서울의 방주/77
비 오는 날, 남산 1호 터널 들어가는 길/79
슬픈 서커스/80
서울 길/82
벤야민의 테트리스/84
이제 마악 잠이 깬 서울의 공주/87
동방거울상회/90
서 울/92
故 鄕/94
붉은 수은 십자가 공장/96

비/97
피 흘리는 집/98
新派로 가는 길 1/ 99
新派로 가는 길 2/101
新派로 가는 길 3/103
新派로 가는 길 4/105
황학동 벼룩시장/108
강변 포장마차/111
木林房/112
황학동 재생고무호스공업사/114
사색과 슬픔의 빛, 울트라마린 블루/116
부여 박물관 어린이용 이음독무덤/121
베어스타운 스키장/123
나의 우파니샤드, 서울/125
레인 피플/128
불쌍히 여기소서/130

▨ 해설·몸의 시학, 역동적인 에로스·성민엽/132

I

## (비)

하늘에서 투명한 개미들이 쏟아진다 (비)
머리에 개미의 발톱이 박힌다 (비)
투명한 개미들이 투명한 다리로 내 몸에 구멍을 뚫는다 (비)
마구 뚫는다 (비)
그를 떠밀면 떠밀수록 그는 나를 둘러싸고 오히려 나를 결박한다 (비)
내 심장의 화면에 투명한 글자들이 새겨진다 (비)
글자들 위에 글자들이 또 새겨진다 (비)
나는 해독하지 못한다 (비)
글자들이 이어져 어떤 파장을 그린다 (비)
새겨진다 (비)
하느님, 무슨 말씀 하시는 거예요? (비?)
못 알아듣겠어요 (비)
이 전깃줄은 물이잖아요? (비)

## 너와 함께 쓴 시

　왜 내 마음은 단칼에 잘라지지 않는 걸까요? 깨끗이라고 말하면서 깨끗이 헹구어낼 수 없는 걸까요? 1980년엔 결혼을 했어요. 불이 났어요. 늑막염에 또 걸렸어요. 그 다음해부터 라일락 꽃잎이 냄새가 안 나요. 종이꽃들이 폈다가 져요. 물 속에선 물꽃들이 폈다가 지고, 불 속에선 불꽃들이 피었어요. 죽은 나무도 정원에 서 있어요. 죽은 지 7년이 지났는데 아직도 서 있어요. 해지고 나면 혼자 열 손가락 벌려 저 혼자 타올라요. 1974년엔 강둑에서 반딧불을 잡았어요. 잡아서 주머니에 넣었어요. 불꽃은 타올랐다 꺼지나요? 저 산을 넘어간 저녁 해가 어디로 간 줄 아세요? 피칠을 한 숯덩이가 내 몸 속을 굴러다니나봐요. 갑자기 왼쪽 눈이 환해져요. 또 어떤 날은 목이 환해지면서 모두에게 들켜요. 목이 왜 그래? 사람들이 물어요. 왜 내 마음은 단칼에 잘라지지 않는 걸까요? 1975년엔 물 속에 누워 있었어요. 물 밖으로 나오기 싫었어요. 나와서 숨쉬기 싫었어요. 물뱀 한 마리 머리를 곤추세우고 나를 보고 있었어요. 1991년엔 마음이 뭉쳐진 것 같았어요. 달군 돌처럼 뜨거워졌어요. 내가 내 마음을 어찌할 바 몰라 왼손 오른손 옮겨지다가 아직도 들고 있어요. 왜 내 마음은 단숨에 치지직 소리를 내면서 꺼지지 않는 걸까요. 왜 나는 자꾸 자꾸 뜨거운데 물은 가슴속까지 들어와주지 않는 걸까요. 왜 내 마음은 아직도 꺼지지 않는 걸까요.

## 참 오래 된 호텔

　참 오래 된 호텔. 밤이 되면 고양이처럼 강가에 웅크린 호텔. 그런 호텔이 있다. 가슴속엔 1992, 1993…… 번호가 매겨진 방들이 있고, 내가 투숙한 방 옆에는 사랑하는 그대도 잠들어 있다고 전해지는 그런 호텔. 내 가슴속에 호텔이 있고, 또 호텔 속에 내가 있다. 내 가슴속 호텔 속에 푸른 담요가 덮인 침대가 있고, 또 그 침대 속에 내가 누워 있고, 또 드러누운 내 가슴속에 그 호텔이 있다. 내 가슴속 호텔 밖으로 푸른 강이 구겨진 양모의 주름처럼 흐르고, 관광객을 가득 실은 배가 내 머리까지 차올랐다 내려갔다 하고. 술 마시고 머리 아픈 내가 또 그 강을 바라보기도 하고. 손잡이를 내 쪽으로 세게 당겨야 열리는 창문 앞에 나는 서 있기도 한다. 호텔이 숨을 쉬고, 맥박이 뛰고, 복도론 붉은 카펫 위를 소리나지 않는 청소기가 지나고, 흰 모자를 쓴 여자가 모자를 털며 허리를 펴기도 한다. 내 가슴속 호텔의 각 방의 열쇠는 프런트에 맡겨져 있고, 나는 주머니에 한 뭉치 보이지 않는 열쇠를 갖고 있지만, 내 마음대로 가슴속 그 호텔의 방문을 열고 들어갈 수가 없다. 아, 밤에는 그 호텔 방들에 불이 켜지든가? 불이 켜지면 나는 내 담요를 들치고, 내 가슴속 호텔 방문들을 열어제치고 싶다. 열망으로 내 배꼽이 환해진다. 아무리 잡아당겨도 방문이 열리지 않을 땐 힘센 사람을 부르고 싶다. 비 맞은 고양이처럼 뛰어가기도 하는 호텔. 나를 번쩍 들어올려, 창밖으로 내던지기도 하는 그런 호텔. 그 호텔 복도 끝 괘종시계 뒤에는 내 잠을 훔쳐간 미친 내가 또 숨어 있다는데. 그 호텔. 불 끈 밤이 되면, 무덤에서 갓 출토된 왕관처럼 여기가 어디야 하고 어리둥절한 표정을 짓는, 자다가 일어나서 보면 내가 봐도 낯선 호텔. 내 몸 속의 모든 창문을 열면 박공 지붕 아래, 지붕을 매단 원고지에서처럼 칸칸마다 그대가 얼굴을 내미는 호텔. 아침이 되면 강물 속으로 밤고양이처럼 달아나 강물 위로 다시 창문을 매다는 그런 호텔.

## 여자들

우리가 가지 않은 길에 대한
슬픔으로 견디겠다고 나는
썼던가 내가 사랑하는……이라고
청승을 떨었던가 아니면 참혹한 여름이라고
엄살을 떨었던가 너 떠나고 나면 이 세상에 남은
네 생일날은 무슨 날이 되는 거냐고 물었던가
치마폭에 감추면 안 되겠냐고 영화 속에서처럼 그러면
안 되겠냐고

문을 쾅쾅 두드리며 그들은 올까
모든 전쟁의 문이 열리고
모든 전쟁의 문을 막아서며 없어요 없어요
고개를 젓는 여자들이 쏟아져나온다

치마폭에 감추면 안 되겠냐고…… 치마폭에 한 남자를 감춘 여자가 총을 맞고 쓰러진다. 남자는 지금 막 숨이 끊어진 여자의 피를 벌컥벌컥 마신다. 소파의 솜을 다 뜯어내고 한 여자가 거기에 그를 숨길 방을 만든다. 피아노 속을 다 뜯어내고 한 여자가 그 속에 그의 침대를 숨긴다. 그 피아노는 건반을 두드려도 소리가 나지 않는다.

항아리에 결사적으로 걸터앉은 여자가 소리친다. 없어요 없어요 난 안 감췄어요. 헛간에까지 쫓긴 여자가 지푸라기 속에 감춘 남자 위에 드러눕는다. 없어요 없어요 난 안 감췄어요. 그들이 지푸라기 위에 불을 싸지른다.

  이 다음에 나 죽은 다음에
  내 딸은 나를 어떻게 떠올릴까

  이마를 다 뜯어내고
  아무도 몰래 다락방을 만든 엄마
  밤이 무거워 잠이 안 와
  자다 일어나 안경을 쓰고
  없어요 없어요 난 안 감췄어요
  잠꼬대하는 그런 엄마

  비녀 꽂을 머리칼도 몇 가닥 남지 않은 할머니
  지팡이에 온몸을 의지한 채
  저녁마다 언덕에 올라 동구
  밖 내려다보시며
  민대머리 절레절레

없어요 없어요 난 안 감췄어요

무화과나무 한 그루 그 큰 손바닥으로
꽃도 안 피우고 맺은 열매를 가리고
비 맞고 서서
고개를 절레절레 흔들고 있다

# 날개

아아 너는 너무 가벼워 껴안을 수가 없어

육십억 인구를 담은 무거운 지구가
저 암흑 천지 속
스쳐가는 행성을 향하여 가볍게 손짓하듯
이별의 가장 무거운 슬픔 속에서 끄집어올린 가장 가벼운 손짓
내장을 가득 담은 내 무거운 슬픔이
널 만나 눈빛만은 그래도 가볍게 흔들어주듯
파르르 떠는 세상에서 가장 무거운 깃털 한 닢
못 떠나 못 떠나 바람 공중에 떠오르다
다시 내려앉고 다시 떠오르는
한없는 숨막힘의 머리카락
억울하게 뿌리쳐져 가장 땅 깊은 곳
그곳, 암장의 지옥에 묻힌 내 혼령이
서늘하게 피워올린 헐떡이는 목울대
숨막힌 내 가슴 밖에서 저 혼자 휘날리는 옷고름
팽팽한 밧줄에 묶인 검푸른 죽지

아아, 너는 너무 가벼워 껴안을 수가 없어

# 낮 잠

　미꾸라지 한 마리가 샘물 다 버려놓는다고, 벼르고 별러 미꾸리를 잡기로 한다 그래 나는 그를 버리기로 한다 나락 베어낸 자리에 고랑을 치고 나는 기다린다 한참 기다리다 내 몸 속으로 그가 차오르면 물을 훑어내고 두 손을 집어넣어 뻘을 제끼면 누런 미꾸리가 손에 잡힌다 아니 한 마리가 아니잖아 언제 이리 새끼를 깠누 나는 잡히는 대로 미꾸리를 움켜낸다 잡아낸 미꾸리를 다라이에 담아 호박잎으로 쓱쓱 문지른다 껄끄러운 호박잎에 닿은 위장이 타는 듯하다 몸 속으로 다시 흙탕물이 차오른다 눈알이 다 뻘개진다 거품이 부글부글 솟아오른다 그래 잊어버리기로 하자 이제 그만 그의 집을 부숴버리자 움켰다 놓았다 하던 꿈틀거리는 미꾸리 위에 그만 왕소금을 한 줌 확 끼얹고 재빨리 솥뚜껑을 갖다 덮는다 소금 맞은 미꾸리들이 솥뚜껑을 들썩들썩 밀어올린다 그래 이제 조금만 참으면 가슴이 후련할 거야 가방이 던져지고 안경이 깨지고 그는 달아날 거야 그래그래 떠날 거야 다신 보지 말자 나는 양 무릎 속에 머리를 처박고 기다린다 이제 남은 일은 저 미꾸리를 된장국에 푹 삶아 뼈까지 부서지도록 갈아야 한다 내 잠속에는 항상 맷돌이 있지 않던가 나날의 뼈를 부수어 저 잠의 목구멍으로 밀어넣던 꿈이 있지 않던가 나물을 넣고 끓여야지 산초가루도 듬뿍 치고 땀 뻘뻘 흘리며 먹어버려야지 그를 갈아먹는 거야 아궁이에 솥을 걸고 불을 지핀다 마당이 타는 아궁이 속처럼 벌겋게 달아오른다 소금 맞고 죽은 미꾸리를 쏟아부으려고 가마솥 뚜껑을 열자, 바로 그때 시어머니가 마당으로 들어오신다 아이구 이 방 왜 이리 더워 문 열어놓고 누워라 새아가

## 벼랑에서

내 어깨를 타넘은 바람이
발 디딜 곳을 못 찾고
창졸간에 허방에 빠진다
급히 불려오느라
머리 위로 치마도 뒤집어쓰지 못한 바람이
저 아래 바다로
다 쏟아져 들어간다
왼종일 손가락 들어
이곳으로 오는
길을 가리키던
햇빛도 여기까지 와선 허방에
단숨에 허방에 빠진다


사랑한다? 사랑하지 않는다? 벼랑 아래 파도가 밤새껏 내게 묻는다. 땅 끝까지 달려온 풀들이 몇 개 안 남은 손톱으로 벼랑을 움켜쥐고 있다. 사랑한다 사랑하지 않는다 내가 풀잎을 하나씩 쥐어뜯는다. 내 머리칼도 저 밑은 허방이에요 내 얼굴을 움켜쥔 채 악착같이 떠밀리지 않으려 버틴다. 머리 끝까지 차오른 눈물도 눈 속 뿌리를 꽉 잡고 눈동자 밖으로 뛰어내리지 않는다. 바람에 떠밀리던 그림자는 내 발목을 잡은 채 벼랑을 혼자 더듬어 내려가다가 더 이상은 안 돼요 멈춰 있다. 사랑한다? 사랑하지 않는다? 파도는 숨골 속을 두드리고 차가운 별이 눈물 심지에 가끔씩 부딪힌다. 밤늦도록 벼랑에서 파란 인광을 내뿜는 내가 모르스 부호처럼 깜빡거린다.

## 눈동자 속


누군가 내 눈꺼풀 속 한없는 바닷속으로
한 삽 두 삽 모래를 퍼
가라앉힌 다음
눈꺼풀을 닫고 가면

바닷속에는 물이 산발치에서 산봉우리로 흐르네
비늘 돋친 새들이 산 깊이로
깊이로 날으네
깊은 곳이 높아지고
높은 곳이 낮아지네

그곳에 밤이 오면 내 죽은 할머니들이
우리들 발밑에 찬찬히 등불을 밝히고 가네
구름은 두 발 아래 맴돌고
사람들은 바닥에 창을 매다네

아버지는 바람 속에 알을 낳고 어머니들은
나뭇가지 사이에서 새끼를 기르네
그곳의 사람들은 부지런히 산맥을 길러
육지를 세우고 달을 퍼올리네

내 한없는 바닷속 그 깊은 곳에는 참 이상한
거꾸로 된 세상이 늘 깊어 있네

## 캄 캄

청소기는 윙 돌아가고
세탁기는 철컥철컥 돌아가고
내 머리채 또한 위잉 베개 속으로 잠수하는데
아이들은 안 들어오고
몸 없는 그림자 뛰어다니는 골목에
아이들은 서성대고 쭈그리고 드러눕고
빨리 들어오느라 별들이 턱턱 떨어지는데
하늘에 뚫어진 구멍인 달 속으로
밤이 휘이익 빨려들어가는데
애들아 그만 놀고 들어오너라
내 두 눈알을 누가 자꾸 뒤집어놓고
몸을 결박하려는 검은 줄들이
방바닥에 터억터억 떨어지는데
아이들은 골목에 서성대고 뛰어다니고 모여서 웅크리고
아이들 중 누군가 성냥을 켰다 끄고
별이 몇 개 아이들 발밑에 채이고 담이 환해졌다 어두워지고
아이들 그림자 흩어졌다 다시 모이고
시계 속의 문자들이 주르르 내 머리 위에 쏟아지고
몸을 돌리지도 못하고 가슴 위에 올려진 손이 탱크처럼

심장 위에 놓여지고 손을 치워야지 얘들아
들어오너라 손이 너무 무거워 청소기는 위잉 돌아가고
죽은 별들이 빨려들어가고 돌아눕지도 못하는 내가 안 돼 안 돼

누군가 골목의 아이들 그림자를 좌악 걷어가고

## 기다림에 관하여


 나의 딸이 망원경 사달라고 하도 졸라서, 내가 단호하게 안 돼 돈 없어 했더니 내 딸이 나에게 말한다 이제부터 엄마라고 안 부를 거야 아줌마라고 부를 거야 그래 내가 그래 그래 바라던 바야 했더니 아니 그럼 이제 할머니라 부를 거야 그래 내가 그래 그래 바라던 바야 했더니 다시 좋아 진짜 증조할머니라고 부를 거야 그래 다시 내가 그래 그래 바라던 바야 했더니 아니야 이제 진짜 웅녀라고 부를 거야 그래 내가 위가 아파서 마늘은 못 먹지만 할 수 없지 뭐 그랬더니 이번엔 진짜야 하등 동물이라고 부를 거야 그래 내가 그거 말고 별이라고 불러줘 그 모든 할머니의 엄마는 별이니까 했더니 망원경으로 엄마는 안 보여 엄마는 내 별이 아니란 말이야 엉엉 운다

　학교의 소설가 선생님과 부소산성 거닌다
　선생님 낮에는 왜 별이 안 보이지요
　여기가 너무 밝아서 그렇지요
　선생님 낮에 별이 보인다면 어떻게 보일까요
　어둡겠지요
　선생님이 부서진 기왓장 하나 주우시며
　백제 때 기와일까요 환하지요 하신다

잠든 시체에서 요 위로 구더기들이 기어나온다
구더기들이 내 눈꺼풀 위까지 올라온다
돌아누울 때 갑자기 그의 말 들린다
아프지 말고 기다려요
기다리란 그 말에 모든 구더기들 날아오른다
수백 마리 파리떼가 잠든 시체 주위를
윙윙거린다
너무 가까운 은하수처럼 기다려요 기다려요
파란 소리들이 잠 못 든 시체를 감싸고 돈다

## 新派로 가는 길 5
―― 구름城의 여자

걸어서 저 하늘까지
저 하늘의 구름城까지 걸어가요
저 구름城의 모습, 바로 내 모습이에요
나는 걸어서 저 하늘의 내 안으로 들어가요
구름城 문이 소리없이 닫히고
城안에 나는 한없이 갇혀요
뭉싯뭉싯 살이 찌기도 해요 배가 부풀어오르고
어느 날 살찐 아기가 튀어나오기도 해요 장딴지가
파르테논 신전 기둥만해졌어요
차암, 낯뜨거운 날 창문 열고
나 한번 쳐다본 적 있으셨겠지요?
거 구름 한번 좋다 하셨겠지요?
그러나 햇빛 양의 치맛자락 아래 그냥 그대 뜨거우시라
놔두면서 나 혼자 마구 젖었던 거
구름 기둥 같은 두 다리 싸안고 이리저리 뒹굴었던 거
보신 적 없다 말하진 않으시겠지요?
내리지 않는 비로 누워서
혼자 소용돌이치다 혼자 온몸 다 젖었던 거
빗소리 어디서 아마득히 들리는데
빨랫줄의 그대 속옷 하나 안 젖는 날

있었던 거 생각나시겠지요?
큰 소리 마른번개로 눈물 없이 울던 거
말하려면 할수록 활자와 단어들이
후드득 후드득 뚱뚱한 내 뱃속으로만 떨어지던 거
입 안에 침만 고이던 거
어느 날인가는 파랗게 눈 닦고
그대 양철 지붕만 망연히 어루만지던 거
차마 알아채지 못했다고는 안 하시겠지요?
날마다 슬픔의 몸 바꾸며 소리쳐도
내 몸 밖으로 물길 열리지 않던 거, 보셨겠지요?
내 길 열어 그대 머릿결 따라 길을 내고
그대 뺨 위로 길을 내고 싶어 눈 껌뻑이던 거,
이제 몇십번째의 이승길 걸은 듯하고
저 높은 산 저 깊은 계곡 저 神話의 굽이굽이
다 지난 듯하여 水面 위에 내 말의 꽃 끝내 못 피우고
그대 지붕 위에 물꽃 소리 못 피우던 거
내 몸 혼자 뒤채고 부풀리던 거
정녕 모르신다곤 않으시겠지요?

# 부안군 변산면 마포리 하섬

1

 보러 가자. 정확한 시간은 몰라. 내가 어떻게 지들이 언제 그러고 있는지 알겠어? 바다와 달, 지들끼리 알아서 할 문제야. 우린 그냥 지들이 그러는 동안에 갈라진 바다 사이로 하섬 가면 되는 거야. 생각해봐. 장화를 빌려 신고 갈라진 바닷속을 걷는 거야. 불도 없는 섬을 향해 달빛이 교교히 비치는 바다를 건너가는 거야. 그리고, 또 다음날 보름달이 바다를 다 마셔버리면 우리는 또 그 섬을 나오면 되는 거야. 원불교 섬인데 지금 아무도 없어. 갈래? 시인이 그런 데 안 가면 되니?*

2

 최소한 베개를 안으면 아프진 않을 텐데
 없는 너를 안고 우리는 하섬 간다
 징그러워 징그러워
 갈망으로 뭉그러진 몸뚱어리인가
 보라 군청 주황 별들이 떨어져 여는
 불가사리의 길을 따라
 우리는 하섬 간다
 발밑에서 별 터지는 소리

가슴까지 튀어오른다
저기 저 돌아보면 하섬도 없고 물도 없는데
보이지 않는 달의 손가락이 푸른 바다의 치마를 끌고 어디로 갔는지
내 몸 속에 엉킨 온갖 것들이
물 없는 푸른 바다 깊이 한없이 녹아내린다


3
우리는 별의 어떤 부분으로 이루어져 있습니다.
지구상 모든 별들은 별의 어떤 부분들로 만들어져 있습니다.
별의 어떤 속성은 저렇게 태양을 만들기도 합니다.
그리고 당신을 만들기도 합니다. \*\*


4
흑석동 원불교 회관 지나다보면 하섬 가는 길 떠오른다. 가랑이 사이로 달이 떠선, 바다를 데리고 앞서 가버리고. 하섬 가는 길 열리던. 검푸른 하늘, 별들이 징그러운 징검다리 길을 놓던. 아아 나 모두 녹아내려 아무것도 하섬에 부리지 못했던 그 푸른 물 속 길.

\* 이영자의 전화.
\*\* KBS 1, 지구촌의 다큐멘터리, 「우주의 신비」, 1992. 5. 29.

## 서울 3느 9916

  車가 달려간다. 길 한중앙을. 공중에서 내려다보면 숲 한중앙을. 車가 달려간다. 車는 사면이 유리이다. 車가 달려간다. 유리 속으로 숲이 들어왔다 나간다. 어느 것도 오래 머물지 않는다. 유리 속에선 아무것도 오래 머물지 않는다. 머물렀다 생각하면 어느새 보이지 않는다. 車가 달려간다. 車는 앞으로 가지만 나무는 뒤로 간다. 車는 앞으로 가지만 江은 뒤로 간다. 車는 앞으로 가지만 너는 뒤로 간다. 車가 달려간다. 햇살 눈부신 아침, 햇살이 유리창에 닿거나, 유리창 속에 머무는 것처럼 행복한 아침, 길 한중앙으로 車가 달려간다. 그런 아침 나는 너를 잠깐 본다. 나는 거울로밖에 너를 볼 수 없다. 車는 앞으로 가지만 너는 뒤로 간다. 잠시, 나는 너에게 말을 걸기도 한다. 이미지도 말을 한다. 거울 속의 네가 한동안 사라지지 않게 하려 나는 브레이크를 밟는다. 달리는 車 속에 잠시 꽃이 솟아오르는가. 車가 달려간다. 비 내리는 아침, 車가 달려간다. 별 모두 떨궈내듯 비 오지만, 비는 車 밖에만 내린다. 車가 달려간다. 달려가면서 흔들린다. 돌이 튀어올라 심장을 텅텅 때린다. 어느 바람도 옷 속까지 들어오지 않는다. 바람은 車 밖에서만 분다. 車가 달려간다. 車 속에서 들리는 음악도 車 밖으로 나가지 않는다. 내 울음 소리도 車 밖으로 나가지 않는다. 車가 달려간다. 어느 날 아침 갑자기 멈추면 눈알을 때리듯 망치로 유리를 때린 다음 한없이 녹슨 몸을 거대한 압착기로 네모나게 눌러, 죽은 친구들의 몸 아래 실어 어디엔가 보내질, 그런 車가 아직도 달려간다. 車가 달려간다. 아직도 나밖에 실은 적이 없는 車가 달려간다. 길 한중앙을. 언제나 숲을 만나면 머리채 휘날리며 뒷걸음치는 나무를 잡으려 소리치는, 車가 달려간다. 일평생을 달려도 하늘 한 방울 스며들지 않던, 그 車가 아직도 달려간다.

# 블라인드 쳐진 방 1

블라인드 쳐진 창 아래 둘이 앉아 있다
설탕을 나르던 스푼이 잠깐 흔들리고
군청색 보자기 덮인 탁자 위로 설탕이 쏟아진다
밤하늘 납작한 은하수처럼

블라인드 쳐진 방은 두 손바닥으로 납작하게
누를 수 있다 이 책엔 블라인드
쳐진 방이 양면에 걸쳐 실려 있다
왼쪽 페이지 상단에 볼펜으로 점을
하나 찍고 그 못에 벗은 옷을 갖다 건다
나 혼자만 드나들던 옷이 거기 걸려 있다
그곳으로부터 금을 그어나와 오른쪽
페이지에 닿게 하고 또 거기에 무엇을 걸까
머리가 빠진 모자가 바람도 안 부는데
책장 앞에서 흔들거린다
또, 왼쪽과 오른쪽 페이지에 걸쳐 있는
마룻바닥에 알 수 없는 동그란 점을 하나 찍어본다
그 점이 거기 있으므로 왠지 빈방에 구멍 뚫린 듯하다
바늘 구멍에 황소바람 들어온다

커피잔을 들어올리던 손이 흔들리고
오른쪽 페이지 하단 쪽으로 커피가 쏟아진다
블라인드 쳐진 방이 뜨겁게 젖는다
벽 위에서 뜨거운 커피가 줄줄 쏟아져 내려오다
내 머리칼을 다 적신다

# 블라인드 쳐진 방 2

　형광등 불빛을 받은 어항 여덟이 긴 나무 탁자 둘레를 빙 둘러싸고 놓여 있다
　고개를 돌릴 때마다 어항들이 불빛을 받아 번쩍번쩍한다
　난 크리스탈이야 한 어항의 빛이 여덟 갈래로 흩어진다 이 토론에서 그는 언제나 주도적이다
　의자 뒤에 붙은 등받이, 그 등받이 높이 매달린 어항
　내 바로 앞 어항의 붕어 두 마리는 붉게 충혈돼 있다
　그러나 그 붕어의 눈동자 둘은 흰 재 앉은 듯 흐릿하다
　늦게 도착한 어항이 빈자리를 찾아 두리번거리자 흰 재 앉은 눈동자가 조금 커졌다 이내 다시 반쯤 감겨진다
　저쪽 대각선 그어서 반대편 쪽 등받이 앞에서
　무료한 손이 나와 파란 연필로 탁자를 탁탁 친다
　그러다 그 어항에서 붕어 두 마리가 떨어진다
　비린내가 훅 끼친다 나만 그 비린내에 몸서리치나
　붕어 두 마리가 탁자 중간에서 헤엄을 멈춘다
　내 어항의 붕어 두 마리도 그곳쯤에서 멈춘다 둘의 시선이 탁자의 중간 이상을 넘어가지 않는다
　붕어 네 마리가 탁자 중간을 더듬고 있다
　몸을 떠난 붕어 네 마리가 탁자 중간에서 물이 없어요

퍼드덕거리다 이내 잠잠하다

휘발성 붕어! 두 사람의 시선이 황급히 거두어진다

토론의 진행자가 잠시 침을 삼키는 사이 안경 속의 붕어를 빛내며 한 어항이 빳빳해진다 그 어항이 외친다

그는 그 상황에서 왜 미리 자살하지 않았을까요 낡은 트렁크처럼 목숨을 질질 끌고 그 스페인 국경 산중까지 가야만 했을까요 나 같으면 미리 죽어버렸을 것 같아요

우리는 서로의 어항을 돌린다 어쩌다 붕어 네 마리가 마주친다

잠시 후 저쪽 대각선 그어서 반대쪽 등받이 앞에서 파란 연필을 놓은 오른손이 올라와 어항의 밑바닥을 받친다

기울어진 어항의 물이 자칫 쏟아질 것만 같다

검은 머리칼 다발이 출렁 하고, 안경이 콧등까지 미끄러진다

어항의 뺨 위로 보이지 않는 두 줄기 물이 흘러내린다

붕어 두 마리 감겨지고 물 새는 어항이 더 숙여진다 위태하다

# 블라인드 쳐진 방 3

 하얀 블라인드 쳐진 방안, 문을 열고 들어가 가방을 던지자 방안 가득 눈이 쌓여 있는 것이 보입니다 문 뒤에서 나를 데려다준 승강기가 멀어지는 소리가 들릴 뿐 바람도 불지 않습니다 그러나 저기 아직도 펼쳐져 있는 하얀 이불 능선 속에서 찬 기운이 뭉클 올라옵니다 일시에 몸에서 열이 다 달아납니다 모두 흰 눈뿐입니다 형광등 불을 켜자 흡사 냉장고 속 같습니다 몸에서 차가운 물방울이 솟아오릅니다 비닐 종이라도 뒤집어쓰고 싶습니다 한 발자국 내딛자 얼음 바람이 가슴속까지 들어옵니다 방안 어딘가 보이지 않는 찬바람 풀무가 숨어 있는 것 같습니다 콧속에 성에가 낍니다 온몸이 그을려 급기야는 뻣뻣해진 황소 같은 저 검은 소파까지 몇만 킬로? 발이 떼어지지 않습니다 주저앉아서 방바닥을 만져봅니다 그 동안 얼마나 눈이 온 걸까? 바닥은 너무 차갑게 얼어붙어 손가락 하나 들어가지 않습니다 숨을 쉴 수 없습니다 허파도 얼어붙는 것 같습니다 누군가 몸 속에서 얼어붙은 허파를 날카로운 칼로 쓰윽 그어보는가봅니다 딱딱한 돌 속에서 숨을 길어올리는 것처럼 힘이 듭니다 눈을 감습니다 눈꺼풀 내려오는 소리가 창문을 쾅 닫는 소리보다 크게 들립니다 얼음 벽이 다가오는 걸까요? 얼음 벽에 걸린 손목도

점점 얼어붙습니다 누군가 내게 얼음 조끼를 입혀놓은 것 같습니다 더 이상 숨쉴 수 없게 되었을 때 감은 눈 속으로, 얼음 위를 번지며 녹는 물처럼 그대가 들어옵니다 하얀 블라인드 쳐진 방안에 들어온 그대는 내가 만든 것입니까 아니면 멀리 있는 그대가 내게로 보낸 것입니까? 눈 쌓인 바닥이 갑자기 솜처럼 푸근해집니다 잠들면 죽는다 내 안의 누군가 나를 흔들어대지만 얼음 눈꺼풀 너무 뜨겁습니다 감은 몸 속 방안이 더 뜨거워지려 합니다 가방을 베고 얼음 능선 위에 모로 드러눕습니다

# 블라인드 쳐진 방 4

나는 자리를 뜹니다…… 그건 네 길이지 내 길은 아니야…… 나는 의자에서 일어납니다…… 그건 네 길이지 내 길은 아니야…… 하루 종일 한 폭의 그림 사이로 한마디 말이 떠다닙니다 싱싱한 창에 불같이 뜨거운 뺨을 문지르고 싶습니다 싸늘한 바다였습니다 바닷속에는 더 싸늘한 우물이 깊었습니다 그 우물 곁에 낮은 집들이 잠들어 깊은 물 밖, 밤하늘로 잠꼬대를 송출중이었습니다 싸늘한 나무들이 파도에 몸을 떨었습니다 얼음같이 찬 우물에 몸을 던지고 싶었습니다 인적 없는 골목길, 그 골목길에 어두운 피가 돌돌돌 흘렀습니다…… 그건 네 길이지 내 길은 아니야…… 나는 의자에서 일어납니다…… 낮은 집들마다 높은 안테나가 매달렸습니다 안테나 끝은 바닷물을 넘었을까? 그 보이지 않는 안테나 끝에서…… 그건 네 길이지 내 길은 아니야…… 나는 의자에서 일어납니다…… 나는 꺼풀이요 그대는 심장입니다 아무것도 담아두려 하지 않는 주머니, 심장이 쿵쿵 뜁니다 꺼풀 속에서 끓어오르기도 합니다 어떻게 안으로 들어가지요?…… 그건 네 길이지 내 길은 아니야…… 나는 의자에서 일어납니다 블라인드 쳐진 창 아래 의자 두 개, 하루 종일 내가 번갈아 앉습니다 블라인드 쳐진 방안, 내 모든 핏길이

그리로 뛰어들지만, 아무것도 담아놓지 않은 길 한 뭉치,
심장으로 꽉차 있습니다

## 타클라마칸

해 떠오르면 머리를 감는 여자
허벅지가 없는 그 여자가
머리칼 위로 모래를 한 바가지 퍼 들이붓고는
첨벙 모래 구덩이에 머리를 담그는구나
발도 없는 여자가
모래강 위에서 머리를 절레절레 헹구고 있구나
가슴도 없는 여자가
머리칼도 없는 여자가
오, 몸도 없는 여자가 머리를 감고 있구나
우리 가지도…… 오지도…… 말고…… 너는 거기…… 나는 여기
무너진 나날의 메마른 머리칼이 부풀었다 펴졌다 이리저리 뒤척인다
해 떠오를 때부터 해질 때까지
없는 허리를 한번도 펴지 않고 그 여자가 머리를 감는구나
모래강의 물살을 뒤적여 빗고 있구나

## 아직도 서 있는 죽은 나무

초승달의 눈썹이 깜빡깜빡
열렸다 닫히면서
애무에 젖는다
보이지 않는 구름의 손이
보이지 않는 달의 몸을 만지는 듯
달은 칠흑의 허랑방천으로
천천히 떠밀리면서
깜빡깜빡 죽었다 깨어난다

은은히 숲속의 나무들이
달의 발가락처럼 흔들리는 가운데
어두운 밤의 난간에 기댄
죽은 나무가 아직도 눕지 않고 서서
문틈으로 깜빡거리는
눈썹을 보며
밤새도록 흐르는 달의
살을 훔친다

## 月岳山


오늘은 달이 오지 않고 태풍이 왔다
웅크렸던 산의 이불이 확 젖혀졌다
번개가 칠 때마다
이불 속의 웅크렸던 맨몸이 나타났다
방이 불현듯 환해지고
문고리를 잡은 그들이 열어 열어 소리쳤다
태풍의 밤, 낡은 책 속의 문장이 살아나
30촉 알전구마저 꺼버린 내 문장을 마구 뒤흔들었다
밤새도록 청천벽력
뇌성번개가
산맥의 허리를 놓아주지 않았다
그들의 거친 애무의 손길이 지날 때마다
어두운 몸이 한 길씩 솟고
바닷속에 잠가둔 산맥의 발가락이 요동을 쳤다
달덩이처럼 훤한 하늘 낭군의 큰 울음을 품고
검은 산이 소리없이 울기 시작했다
장화 신은 그들이 요를 지근지근 밟아댔다
아무것도 모르고 서울에서 내려온 아이는
여전히 잠들어 있었다
얼음처럼 견고하던 밤이

창문을 타고 젤리처럼 녹아내렸다
문장이 외마디 소리를 내며 부서졌다
무서운 눈물이 온몸을 적셨다

## 어쩌면 좋아, 이 무거운 아버지를

애야
천년 묵은 여우는 백 사람을 잡아먹고
여자가 되고, 여자 시인인 나는
백 명의 아버지를 잡아먹고
그만 아버지가 되었구나
(망측해라, 이제 얼굴에 수염까지 돋게 생겼구나)
백 명의 아버지를 잡아먹고
그 허구의 이빨로 갈아놓은
문장의 칼을 높이 치켜들고
나 두리번거릴 때
저기서 문장의 사이로
나귀를 타고 걸어 들어오는 너의 모습
엘리엘리

너 심겨진 밭에 약을 치고 돌아온 아버지
네 팔을 잘라 나뭇단을 만드는 아버지
네 밑동을 잘라 제재소에 보내는 아버지
양손이 사나운 칼날인 아버지
큰 구두를 신어 디뎌야 할 땅도 많은 아버지
나하고 놀아요, 아버지

하면 깜짝 놀라는 아버지
나 아버지가 되기 싫어 큰 소리로 말해도
아버지의 아버지, 그 아버지를 살해했으므로 그만
아버지가 되어버린 아버지
강철 커튼 아버지 검정 잉크 아버지 기계 심장 아버지
칼날같이 갈아진 양손을 모두어야
비로소 제 가슴이 찔러지는 그런 아버지
애야, 나는 그런 망측한 아버지가 되었구나

## 출구를 찾아라

 잠들려고 하면 내 몸 속의 계단을 올라오는 발자국 소리 들린다 불을 끄다 말고 화들짝 놀라는 집들, 흐린 불빛 사이로 보이는 신발들, 눈을 반쯤 감은 대문들 팩맨이 계단을 올라온다 미로 속의 점선을 먹어치우며 팩맨이 걸어온다 육체로 된 비디오 드롬 속을 올라온다 잠의 수평선이 더욱 아래쪽에 그어진다 수평선 아래로 내 생애의 집들이 수몰된다 음침한 두뇌의 미로 속엔 끝내 나를 모두 먹어치우고 땅속에서 솟아오를 파리들이 잠기어 있고, 몇억 년을 쉬지 않고 나타나 하늘의 계단을 오르던 태양도 물 속에 잠기어 있다 무법자 팩맨이 잠의 수평선 위로 뛰어오른다 팩맨이여 출구를 찾아라 출구를 찾아내면 이 게임은 끝난다 팩맨이 물 속으로 다시 들어간다 들어가다 말고 방문을 열어제친다 옷을 벗은 어린 내가 오들오들 떤다 기적 소리를 내며 기차가 역으로 들어온다 그곳에 내가 보이지 않는 바리케이드를 친다 저지선을 뚫고 팩맨이 달려든다 그가 발걸음을 옮길 때마다 불켠 상자처럼 내 몸의 방들이 환해졌다 어두워졌다 한다 단풍 환한 방이 닫히고 폭설의 방이 열린다 눈물샘이 환해진다 배꼽이 불을 켠다 팩맨의 검은 칼이 가슴에 걸렸는지 내 두 손이 가슴을 싸안고 돌아눕는다 이불이 발치로 떨어지고 잠의 수평선이 내 몸 위로 솟아오른다 VTR처럼 시간이 나를 돌린다 팩맨을 가둔 채 내가 커튼을 젖힌다 불 켠 상자 속에 갇힌 내가 아직도 어두운 서울을 내려다본다

## 자동 인화기

배추 이파리 뒤
가파른 줄기 둔덕을
배추벌레 한 마리 가고 있다
제 지나온 길 다 먹어치우며
천천히 초록길 오르고 있다
배추벌레 몸 빛깔은 먹은 길 그대로
초록이다

\*

자동 인화기에서 사진이
한장 한장 쏟아진다
재작년 설악 대폭설 때 눈보라
그보다 더 많은 사진이
검은 통 속으로 쏟아져 들어간다
검은 눈썹이 철컥 열렸다
닫힐 때마다 내 몸 속으로 숨찬 오르막길이
쏟아져 들어온다

*

허리를 접었다 펼 때
저 아름다운 무용수 허리를 감싸는
사랑나비노랑나비은빛나비물결나비
저 무용수 바닥에 허리를 대고 누울 때
허리에서 비집고 나오는 나비의 껍데기들 꾸물꾸물
꾸물꾸물 나비들 날아가고 남은
밥주발 비운
검은 통에 쌓인
나비의 무거운 시체들

*

나 오늘의 사진들 다 먹어치우고
한바탕 꿈이었어 잠자리에 들면
저 멀리 구천 갔던
노랑나비햇살나비천둥나비검은나비 조금씩 섞여서
꿈속의 꿈으로 가끔 쏟아지면서
여기야 여기야 날 품고 날아올라

나도 한 마리 나비처럼 그대 꿈속에 언뜻 비칠까

\*

배추벌레 한 마리
제 길 다 먹어치우고
아무도 없는 저 하늘
배추흰나비의 길
혼자 놓아 가려고
저렇듯 안간힘 다해 초록길
먹어치우고 있다

# 대관령

저 아래 강릉쯤에서 보면 필시 구름일
안개가 산을 감쌌다가 풀어놓았다
보따리처럼
그러다 잠시 후 안개는 또 다른 봉우릴 보쌈했다
눈 비비고 바라보면 봉우리들이
원래 섰던 자리를 바꾸고 서서
낙랑장송 아래 한바탕 뛰고 난 가마꾼들처럼
흰 수건으로 얼굴을 쓱쓱 닦고도 있었다
보따리 속에서 엄청나게 큰 젖소들이 쏟아져나오기도 했다
술 취한 목동이 손가락보다 가는 지휘봉을 들고
혀를 끌끌 차자
한 동이씩 똥을 갈기는 힘센 젖소들이
구름 보따리 속으로 사라졌다
앞산 자락까지 내려간 안개가 골짜기를
움켜쥐었다 가는가 했더니
눈앞에 아무것도 보이지 않았다
안개 보따리가 나를 담아들고 뛰기 시작했다
내 머리칼 한올 한올 다 젖었다
필시 누굴 찾는 것이리라

잠시 후 낯선 둔덕 위에 내가 서 있고
가슴이 큰 여자 아이 하나가 온몸을 흔들며
입술을 내밀고 지나갔다
가랑이 사이로 햇빛의 꼬리가 슬쩍 비쳤다
나무들이 젖은 몸을 부르르 떨었다
해가 단번에 중천에 떠올랐다

## 저 새

이승에서 받은 저 밑 빠진 자리
자리 펴고 누울 곳 없어
하늘로 땅으로 분주히 일생을 떠는 저 새!
높다란 나뭇가지 끝에 알을 낳고
위태롭다 위태롭다 제 가슴을 쪼아 울어대며
텅 빈 공중에 젖가슴을 물리는 저 새!
아무도 깃들이지 않을 곳에 애처로운
그림자를 쿡쿡 찍으며
허공을 움켜쥐는 저 새!
바람 이불을 덮고 바람 요를 깔고
공중 높이 잠드는 저 새를
보라
네가 내 손을 잡았던가
순간, 내 가슴속에서 두 날개를 세차게 퍼덕거리다
온몸 가득 *必滅*의 내장 위로
푸른 하늘을 밀어올리는 저 새를 보라
떠오르는
맞잡은 손
의 전생을,

## 숨은 감자

그가 감자를 심어오고 있다
무릎을 툭툭 쪼개어
그가 아픈 감자를
심어오고 있다

    피가 무릎을 타고 내려 신발에 고였다
    노을이 천천히 피 묻은 붕대를 감아올렸다

이것 봐라 상처 속에는 씨가 있다
할머니는 내 종기를 짜내셨다
고름 사이로 근이 쑥 빠지고
구멍이 뻥 뚫렸다
이걸 빼내지 않으면
살 다 썩는다

    노을이 사라진 자리로 고약 같은 어둠이 몰려왔다
    붉은 꽁무니를 남겨놓고 자동차 한 대 사라졌다

그가 감자를 심어오고 있다
내 가슴의 고랑 고랑에 상처를 던지며 오고 있다

온몸으로 깨어진 그의 무릎이 꽉찬다
몸 속으로 주먹만한 혹들이 주렁주렁 달린다

    어두운 하늘이 별을 가득 품에 넣고
    무거운 몸을 뒤척일 때마다
    바람이 한숨처럼 감자꽃을 흔들었다
    지붕을 닫은 집들 위로 안테나가 아직도 흔들렸다

# 땀

가수가 노래를 한다
머리를 질끈 동인 그가
기타를 안고
오, 아름다운 그대 눈동자!
그대 눈빛을 어를 때마다
그의 몸에서 땀이 솟는다
파도 사이로 솟아오른 바위같이
흔들리던 가수의 어깨가 다 젖고
옷소매 끝에서 물방울이 떨어진다
제 몸에서 나온 물이
또 그의 몸을 포근히 적셔준다

밤마다 지구가
달을 어른다
푸른 지구는 한껏 몸을 부풀려
오, 아름다운 그대 눈동자!
달의 뺨을 어루만진다
그가 달의 몸을 애무할 때마다
밤하늘이 바알갛게 달아오르고
뽀얗게 달무리진다

뭉게뭉게 땀이 솟는다
그의 등뼈를 타고 내린 땀이
검푸른 담요 다 적신다
숨차오르던 포플러나무들이
열 손가락 힘껏 벌리고
한밤의 비를 맞아들인다
제 몸에서 나온 물이
또 그의 몸을 포근히 담가준다

# 저녁 달

아직 안 보이는 그가 비명을 내지를 때마다
새가 튀어올랐다

새들이 하늘과 땅의 경계를 자꾸 찢고 지나갔다
옥양목 찢어지는 소리가
강물 밑까지 울렸다

나는 검은 강물 속으로 헤엄쳐 들어가 아직 안 오는 그를 기다리고 있었다
커피를 두 잔째 다 마셨다
귀울음 소리가 커지자 머리통이 점점 부풀어올랐다
머릿속 벌통을 새의 부리가 건드렸나?
머리통 속으로 송사리떼가 드나들었다

그러다 불현듯 모든 것이 멈추었다
내가 자리를 털고 일어나자
지는 해 속에서 그가 너울너울 터져나왔다
내 깊은 강물 속에서 박하 냄새가 환하게 퍼졌다

## 희디흰 편지지

화창한 대낮!
느닷없이 바람 불면
뉘 부르는 소리
나 고개 휙 돌려 돌아보면
문득 열리는 누옥!
방안 가득 비 오고요
아버진 아직도 구덩이를 파고 계셔요
아버지! 내 몸에서 비가 나오나봐요!
내 가슴속 흰 나무들이
한켠으로 몰려서서
바람 속에 잔가지를 털어요, 그러면서
비의 몸이 되나봐요
몸 속의 아이들이 다 물이에요
어머닌 어디 가셨나요?
밥 올려놓고 어디 가셨나요? 밥
다 타는데 어디 가셨나요?

그러나 아버지, 그 황토흙일랑 그만
파내시고 내 말 좀 들어보실래요?
내 가슴속 온갖 구멍 속의 아이들이

젖은 머리칼을 내어 말리고 그 구멍 속으로
내 편지를 가득 실은 파발마가 달려가요
내 희디흰 편지를 가득 싣고
적토마는 달려요
저기 보세요 누가 오고 있어요
큰 가방을 들었어요! 아버지
시집의 문을 닫고 마당으로 나가봐요! 우리
젖은 글씨를 햇살나무에 매달아요

II

# 서울의 밤

몇 개의 산맥을 타넘어야
네게 이를 수 있니
불개미 한 마리가
플라스틱 장미 꽃잎을
한잎 한잎 타넘어가고 있다

몇십 개의 계단을 올라야
잠든 너를 깨울 수 있니
저 혼자 불켠 엘리베이터를 타고
온몸으로 두근거리는 내가
잠든 너의 몸 속을
한밤중 소리도 없이 오르고 있다

어떻게 등불을 빨아먹을 수 있니
나방이 한 마리
혓바닥을 바늘처럼 곤두세우고
한밤내 가로등을 찔러보고 있다

# 서울의 새벽

새벽, 잠속으로 봉고차가 한 대
전속력으로 달려 들어온다
眼球가 큰 소리를 내며 파열된다
은행나무 잎이 한꺼번에 다 쏟아진다
봉고차에서 갓난아이를 업고 얼굴을 반쯤 가린
세수수건 쓴 여자가 제일 먼저 내린다
(업힌 아긴 그 여자의 아기가 아니다)
두 다리에 고무타이어를 잘라 붙인 남자가 내린다
(고무타이어 봉지 속엔 잘생긴 두 다리가 접혀져 들어
있다)
얼굴에 검댕칠을 한 한쪽 팔 없는 아이와
그보다 작은 아이가 내린다
그 아이 둘이 더 먼 지하도에 부려진다
(그들은 형제가 아니다)
(꿈나라에도 그 나라 나름의 입력된 기정 사실이란 것
이 있어
꿈속의 나도 알 건 다 안다)
봉고차에서 자꾸자꾸 거지들이 내린다
지하도에 거지들이 꽉찬다
징징거린다 식식거린다 더듬거린다 기어간다 뒤집는다

예수를 믿으시오 천국이 가까웠어요
머리가 하얀 할아버지가 옆구리의 포대기에서
서양 아기들의 사진을 꺼낸다
엎드린다 아이를 울린다 없는 다리를 내뻗는다 상처를 뒤적인다
달리는 지하철 위를 맹인 부부가 서로 붙잡고 지나간다
(그들은 부부가 아니다)

다 꾸지 못했나, 꿈속 그림이 자꾸 되풀이된다
줄 선 가로수들이 바람도 안 부는데 부러지기도 한다
출근의 태엽을 감기도 전에
파열된 안구에 하루치 바스콘 렌즈를 얹기도 전에
망가진 자동인형들이 지하로 먼저 내려간다
나보다 먼저 내 이불을 젖힌 그들이
손바닥 대신 입 벌린 바구니를
태양보다 먼저 아귀굴 속에 벌린다

## 사월 초파일


>     영화는 기적처럼 잔인한 것. 우리는 어두
> 워진 방에서 텅 빈 하얀 공간에 대해선 아무
> 것도 묻지 않고 앉아 있다.
>     ——프랭크 오하라, 「레다의 영상」

저 아카시아 흐드러지게 터진 골에
무슨 일이 일어났나 노고단
지붕마다 사람들이 위태롭게
올라서서 수만 깃발처럼 펄럭거리네

엄숙하고 경건한 장례 행렬 거대한 영정 뒤로 상복을 입은 가족을 실은 검은 승용차 애야 애야 못 간다 에미 애비 놔두고 네 맘대로 못 간다 입이 있으면 대답을 해라 이놈아 이 불효 막심한 놈아 수천 개의 휘날리는 만장들 뒤를 이어 대오를 지은 수만 명의 조문객들 검은 리본을 단 연도의 시민들 이곳을 주검이 통과할 수는 없습니다 시나리오대로 길을 막는 방석모 방패 삼십 분 안에 행렬을 돌리지 않으면 최루탄 발사하겠습니다 걔는 안 죽었어 이놈들아 한정 없이 살 거야 땡볕 아래 한없는 대치 아스팔트에 앉거나 눕는 행렬 장기전이 될 거야 그 사이로 김밥장수 커피장수 마스크를 파는 사람 사는 사람 치약을 짜 바닥에 글씨를 쓰는 사람 물을 사먹는 사람 시루떡을 팔러 온 할머니의 양은 다라이 죽은 사람의 얼굴이 그려진 셔츠를 파는 사람 사 입은 사람 햄버거를 까먹는 가게의 처녀 아울러 김밥과 콜라를 먹는 조문객들 저녁 시간이야 흐트러지는 대오 그 사이로 뛰어다니는 아이들 껌을 파는 아이들 신문을 파는 청년들 그 신문으로 모자를 접는 여학생들 두둑해진 전대의 무게를 이기지 못하는 담배장수 시장보다 김밥 값이 두 배야 바가지야 여기가 해수욕장이냐 그 사이로 성스런 초파일의 연등 행렬 등장 낭랑한 반야심경 합장 어스름 해지는 것과 때를 맞추어 최루탄 발사

흐트러지는 대오 뛰는 아가씨의 벗겨지는 하이힐 우는 아이 탱탱 드럼통처럼 구르며 뜨거운 커피를 아스팔트 위에 쏟는 보온 물통 그걸 잡으려 뛰는 커피장수 밟히는 콜라 깡통 터진 김밥을 밟는 구두 골목으로 잠입하는 대오 두건을 쓴 사람들의 백 미터 이백 미터 달리기 어디서 물 쏟아지는 소리 깨어지는 떡시루 장삼을 펄럭이며 혹은 연

등을 들고 혹은 연등을 버리고 뛰는 중들 연등 위로 넘어지는 옥색 한복 뜯기는 자주 옷고름 노랑 저고리에 붙는 불을 탁탁 손으로 치며 우는 여고생 연등을 밟는 검은 버선 전속력으로 우회하는 검은 지프

    큰일이 나긴 난 모양이야 저 연기
    바람 따라 퍼질 때마다
    눈발이 땅에서 하늘로 솟아오르네
    설악 대폭설 때처럼 저 나방떼
    흩어지는 저 나방떼
    모든 아카시아들 하나씩 매단
    弔燈 아래로 달려드는 저 나방떼
    먹으러 달려드는 저 새떼 먹으러
    하늘 검게 칠하며 돌처럼 달려드는
    저 자동차떼
    막혔다 터져 흐르는

## 서울의 흥부

깨어진 유리병 속에서
꽃이 꽉차게
자라났습니다
꽃이 더 이상 머리 둘 곳이 없게 되자
이번에는 유리병이 쑥쑥 자라나주었습니다

모래성아 무너지지 말아라
하고 모래에 시멘트와 물을 섞고
철근까지 박은 집에
아이들이 자꾸 태어났습니다
더 이상 머리 둘 곳이 없게 되자
모래성이 그만 무너져주었습니다
이제 그는
모래성 밖으로 머리를 두고
잠들게 되었습니다
별이 못생긴 얼굴 위로 뚝뚝
떨어져 박혀주었습니다

품에 넣었던 그대를
다시 품에 넣고

그러기를 몇수천 년
내 가슴 방이 훤하게 넓어졌습니다
벽이 없어질 만큼
그러자 그대는 아무때나 기별도 없이
불쑥 들어와 요 깔고 누워
잠들었다 사라졌다 제 맘대로
하게 되었습니다
내 방이 서울특별시처럼 마구 커졌습니다

## 서울의 방주

 노아는 술 처먹고 죽었는지 보이지 않았다 그렇지만 서울 방주는 아직도 떠 있었다 밤이 오고 또 심심해지면 저 먼 바다를 향해 부아앙 경적도 울려보았다 점점점 수위가 높아진다 하였으나 우리로선 그 깊이를 알 수 없었다 악취가 진동한다 경보음이 삐리릿 몇 번씩 울렸으나 우리 코는 이미 마비된 지 오래였다 산소가 희박하다 하였으나 아직 선반 위의 방독면이 지급되진 않았다 언제 비가 그치려나 나는 갑판을 붙들고 무료히 저 알지 못할 깊이로 고개를 처박아 내려다보기도 했다 비둘기들이 갑판 밖으로 힘차게 날아가버리기도 했지만 고추씨 먹으러 다시 돌아오고야 말았다 우리가 출항한 것 그 언제였던가 갑판 위의 새들의 날개는 점점 퇴화돼갔다 비가 그치지 않아 아기는 계속 태어나고, 갑판 위로 조그만 집들이 올망졸망 위태롭게 매달렸다 그렇지만 배 위에 죽은 이를 둘 수는 없어, 시체는 모두 서울 밖으로 내던져졌다 서울에 무덤을 지을 수 있는 사람은 아무도 없었다 저기 저 아파트 곤돌라로 관 하나가 내려와 장의차에 실려 서울 밖으로 떠나고 있는 것이 보였다 아무도 여기에서 죽어 거름이 될 수 있는 사람은 없었다 지금 마악 떠난 사람의 의자 뒤로 끝도 보이지 않게 선 사람들의 줄이 이어져 있었다 술 마시고 미친 차 한 대가 갑자기 뱃전을 떠났다가 허방에 빠져 돌아오지 못했다 그의 마지막은 텔레비전에 의해 생중계되었다 잠시 후 인부들이 갑판을 수리하고 있는 것이 보였다 다른 사람의 마지막 무대를 위해 세트는 다시 세워졌다 우리들은 모두 마지막 외설을 향해 갑판을 싸돌아다녔다 갑판 위에서 보면 조망탑이 날마다 높아지고 있는 것 보였지만 육지가 보이지 않아요 날마다 똑같은 타전이 왔다 갑판을 붙들고 선 내 곁으로 차들이 빙빙 돌아다녔다 네번째 내 곁을 지나치던 르망이 다가와 내게 물었다 어떻게 밖으로 나가지요? 언제 비가 그치려나 노란 하이힐을 신은 여자가 이층에 자리한 노란 잠수함이란 카페로 서른아홉번째 들어가는 것이 보였다

# 비 오는 날, 남산 1호 터널 들어가는 길

메추리 굽는 냄새가 공중에 떠오르지 못하고
바닥에 떨어진다
메추리 살이 빗방울과 함께
아스팔트 위에 새까맣게 탄다
앰뷸런스는 목이 쉬도록 소리치면서도
길이 막혀 빨리 죽음에 닿지도 못하는지
초록색 커튼이 안에서 열렸다 닫혔다 한다
자동차의 헤드라이트 불빛이
뭐라고 뭐라고 길에다 글씨를 쓴다
아직도 내게서 도망가지 못하는 너에게
창밖에서 배웅하는 내가 우산 밖으로 손을 내밀고 싶다
빗물로 짠 바구니를 내밀고 싶다
앞만 보고 앉은 너는 여전히
길에다 뭐라고 뭐라고 글씨만 쓴다

# 슬픈 서커스

그녀는 의자 앞에 대걸레를 세운다
대걸레의 손잡이는 푸른 플라스틱 바께쓰에 담겨 있다
푸른 바께쓰는 물 찬 신발 같다
바께쓰의 검은 땟물이 대걸레의 손잡이를 감싼다

그녀는 화장실 옆 의자에 앉는다
의자에 앉아선 자신의 유니폼 푸른 재킷으로 걸레를 감싼다
조금 전까지도 바닥을 닦던 걸레의 머리털에선 땟국물이 줄줄 쏟아진다
그녀는 그 걸레의 머리털 위에 모자를 하나 씌운다
그녀는 웃으며 자신의 팔 하나를 떼어 걸레의 팔에 달아준다
시궁창에서 놀던 십 년 전 남동생을 안 듯 그녀는 걸레를 안는다
마치 의자 위엔 그녀가 앉고
그녀의 무릎 위엔 한 남자가 안겨 있는 것 같다
그녀는 대걸레 남자의 포켓에 손수건 하나 끼워준다
행복한 여자의 머리 위에서 손수건 꽃이 저절로 핀다

여자는 걸레를 안고 잠이 든다
 걸레도 손을 들어 그녀의 꽃을 만져준다
 그들은 너무 사랑하므로 포개어진 두 손은 하나처럼
보인다
 아무리 눈을 부릅뜨고 보아도 둘이 합해
 그들은 팔이 두 개다

 푸른 바께쓰 신발이 그녀의 다리 사이로 파고든다

# 서울 길

 내 마음엔 웬 실핏줄이 이리도 많은지요 이 실핏줄을 다 지나야 그곳에 당도하게 되겠지요 왜구가 출몰하여 강화도로 피난 가셨다고도 하고, 중공군 피해 해협을 건너셨다고도 하였지만 나는 수백 년 길 속에 갇혀 걷고만 있었지요 내 마음엔 웬 다리가 그리도 많은지요 매일 아침 다리를 건너 강 저쪽에 닿았다가 매일 저녁 다리를 건너 강 이쪽으로 돌아와요 마음의 저편 산자락 아래까진 가보지도 못했어요 그쪽에서 약수가 터져 마음 한 자락 싱싱하게 살아났다는 풍문 들었어요 당신이 그 물을 달게 마셨다고도 하고, 그냥 지나치셨다고도 하는 소문 들었어요 가슴 밑 어두운 산을 뚫고 나도 모르게 굴이 뚫렸다는 소식도 전해들었어요 어디 계신지요 며칠 만에 시내에 나가 보면 아직도 포장도 안 뜯은 새 건물이 제본소에서 마악 도착한 신간 소설책 뭉치처럼 부려지고 있어요 날마다 당신에게로 가는 길이 늘어나요 길 속에 길이 있어요 지금 막 도착한 저 빌딩의 몸 속을 좀 들여다보세요 층계와 층계 사이로 불켠 실핏줄들이 보이잖아요? 저 길을 언제 다 지나 당신에게 당도하지요? 서울이 서울을 낳아요 마음이 제 몸을 한껏 부풀려 또 마음을 낳아요 거기로 이삿짐을 가득 실은 차들이 쏟아져 들어오고 또 실핏줄이 엉겨붙어요 샛길이 나요 발을 디뎌보지도 않았는데 또 길이 나요 언제 저 길을 다 뒤져 당신을 찾아내지요 당신이 보고 싶어요

# 벤야민의 테트리스

 모니터를 켜고 벤야민은 테트리스를 시작한다. 등뒤로 흠칫, 누군가 지나갔나? 동작 정지 버튼을 누르고 그는 잠깐 창밖을 내다본다. 20년 묵은 시영아파트를 무너뜨리고 다시 그 자리에 고층 아파트를 짓겠다고 주민들이 모두 떠난 명일동 재개발 아파트 군단이 창 앞에 도열해 있다. 문짝이 하나도 달려 있지 않은 아파트. 문이 하나도 없으므로 열 수도 닫을 수도 없는 시영아파트. 사람들은 다 어디로 갔나. 문짝을 트렁크처럼 들고 어떤 차를 타고 갔나. 그 문에 꼭 맞는 집이 또 어디 있을까. 문은 없지만 문 있던 자리는 더 어둡다. 벤야민은 다시 테트리스를 계속한다. 러시아 사람 Alexey Pazhitnov가 만든 이 전자 게임엔 두 개의 멸망 규칙이 있다. 이 땅이 모두 시멘트로 발라지면 시멘트 땅은 지하 세계로 사라진다는 규칙. 사라질 때마다 이 땅은 생활 지수가 높은 나라가 된다? 지수가 올라갈수록 천국이 가깝다 한다. 또 하나, 시멘트 빌딩이 높아져 하늘에 닿으면 그 나라는 멸망한다는 규칙. 빌딩이 높아질수록 이 땅에 살아 남아 있을 수 있는 시간은 짧다 한다. 지수가 일만 점을 돌파하고, 아홉 번째 레벨이 끝났을 때, 등뒤로 흠칫, 누군가 지나갔나? 벤야민은 다시 동작 정지 버튼을 누르고 잠시 어제의 산

책을 생각한다. 그는 24시간 편의점을 지나, 불 끈 아케이드를 지나 구멍 속의 계단을 천천히 올라왔었다. 몇만 개의 내장이 한꺼번에 터진 것 같은 냄새. 빈집의 방바닥엔 연탄재가 뒹굴고, 계단에 나동그라진 전기밥솥의 뚜껑을 열자 구더기들이 하나 가득 쉰밥처럼 소용돌이쳤다. 무슨 낌새라도 채었나? 그 많던 쥐들이 사라진 305호 안방엔 멍청한 고양이떼가 쓰레기 봉지를 찢고 있다가 그를 보고 달아나지도 않았다. 고양이 눈알만 다비드의 별처럼 반짝였다. 다 아시겠지만 이 전자 게임은 보이지 않는 천사와의 싸움이다. 하늘에서 시멘트 덩어리를 던지는 보이지 않는 천사. 이 땅에 보이지 않는 집을 짓는 것은 벤야민의 몫이고, 시멘트 덩어리를 던지는 것은 천사들의 몫이다. 화면 속으로 보이지 않는 천사들이 시멘트 덩어리를 던지며 날아간다. 집을 지으라 시간이 없다 성경을 펴보라 하나님의 아들 되시는 이가 말했다 돌 위의 돌 하나도 남기지 않으리라. 재개발 아파트 안으로 수십 대의 덤프 트럭이 들어온다. 이제 게임은 열번째 레벨을 맞고 있다. 힘센 팔뚝이 삽날을 번쩍 들어 시멘트 부대를 꽉 찍는다. 더 빨리 시멘트 덩어리들이 떨어진다. 한쪽에선 301동이 지축을 뒤흔들며 단 한 번에 무너져내린다. 아직도 이사를 떠나지 않은 벤야민의 방이 부르르 떤다. 地球時計가 무거운 몸을 뒤채는 소리를 곁에서 들을 때처럼 302동 303동 차례로 무너지는 소리를 참을 수 없다. 벤야민의 심장이 망가진 시계추처럼 속도를 잃고 허둥댄다. 304동이 부서질 때 그의 방의 책장이 앞으로 쏟아진다. 해체된 벽돌 덩어리처럼 괴테 전집이 쏟아진다. 벤야민은 열두번째 레벨에 매달린다. 수백 명의 천사들이 날개 가득 ㄱ ㄴ ㅁ ㅗ ㅡ ㄱ ∫ 페허를 신고 와 벤야민의 창문 속으로 쏟아붓는다. 하나님의 창고는 얼마나 퍼내야 바닥이 보이나. 저 천사들은 언제 날개를 쉴 수 있나. 등뒤로 흠칫, 누군가 지나갔나? 눈앞엔 305동이 다 무너져 시멘트 산이 쌓여 있다. 벤야민은 이제 레벨 13의 시멘트 언덕을 기어오르기 시작한다.

## 이제 마악 잠이 깬 서울의 공주

한번 숨을 들이쉴 때마다
폐암에 걸린 그가
일 미터씩 침대를 뛰어오르는 것
그치지 않았는데
세면기에 물을 받을 때마다
남편의 면도날을
손목에 대보는 그녀가
아직 동맥을 자르지도 않았는데
서울대 병원 구내 소나무는 100% 숨을 못 쉰다 하더니
오늘 아침 무슨 힘으로
솔방울 하나 더 매달았는데
방통대 옆 쓰레기더미 속에서 느닷없이
똥파리 한 마리 솟아오르자
막무가내 봄이 쳐들어온다

  공주는 잠을 깨어 다정하게 왕자를 바라보았다. 잠시 후 두 사람은 하늘에 걸린 탑, 카페 노란 잠수함에서 모닝 커피를 마셨다. 곤봉이 잠을 깨었고, 잡혀가던 백성 둘도 잠을 깨었다. 세 남자는 휘둥그래진 눈으로 서로를 바라보았다. 갑자기 말들이 잠을 깨어 꼬리를 길게 늘이

며 누군가를 부르기 시작했다. 비둘기들이 꼬리 속에서 날개를 꺼내어 두리번거리다가 마로니에 광장 저 너머로 팝콘을 찾아 걸어갔다. 미친 라일락은 향기를 내뿜기 시작했고, 목련은 치마도 안 입고 창문부터 열었다. 왕자와 공주는 늦은 아침을 위하여 해장국집 산적으로 들어갔다. 부뚜막의 파리가 다시 걷기 시작했고, 아궁이에서 불길이 솟아나오며 밥이 잦기 시작했다. 프라이팬의 생선은 지글거렸고, 요리사는 설거지 파출부에게 프라이팬을 내던졌고, 아이는 넘어져 울기 시작했고, 그 남자는 닭털을 거지반 다 뽑았다.

막무가내 서울에 봄이 밀어닥친다
필멸의 내장 속 길로 원추리, 미나리, 봄나물이 밀려들어오고
구절양장 굽이굽이 간판들이 내어걸린다
막힌 나팔관 문밖에서 꼬리 달린 정자들이
문 열어요, 문 열어요 소리치고
그 남편의 아내는 다시 면도날을 집어든다
공원 아저씨가 마로니에공원의
시멘트 미로에 물을 뿌리고, 잠시 후

입구에 흰 페인트를 칠한다

몇 개의 내장을 건너가야 너를 만나게 될까
방통대 앞 까만 쓰레기 봉지 속을
수천 마리 똥파리들이 넘나들고 있다

# 동방거울상회

1

한 손이 다른 손을 찌른다

한 손에서 피가 난다

멈추지 않는다

여기 水銀 한 그릇이 놓여 있다

피 번진 뜨거운 손바닥을 차가운 水銀 그릇 속에 들이민다

水銀이 마르기 시작한다

피 묻은 손이 거울에 달라붙는다

거울에 붙은 손이 떨어지지 않는다

마주보고 서서…… 우리는…… 손을…… 잡.으.려.……제.각.기…… 욕망을 놓지 않고

## 2

거울상회 동방엔 손님이 많다
지나다보면 손님들이 끊이질 않고 드나든다
거울을 들고나는 손님들
모래 바람이 불기 시작한다
모래는 거울의 수은을 먹고 산다
거울상회 동방이 언뜻 흐려진다
손님들의 거울도 언뜻 흐려진다
거울 없는 캄캄한 방은 정말 싫어!
거울상회 동방은 나날이 번창한다
오늘은 페인트 간판이 내려가고 네온 간판이 올라간다

# 서 울

　유리문을 밀고 들어가면 또 유리문이 나온다. 유리문 안쪽엔 출구라고 씌어 있고, 바깥쪽엔 입구라고 씌어 있지만 그러나 나가든 들어가든 언제나 너는 어떤 몸의 내부에 속해 있다. 마치, 난자를 만난 정자가 그녀의 집에 영원히 체포되듯 너는 거기에 속해 있다. 내부의 사람이면 누구나 유리문을 밀고 나가 또 하나의 유리문을 향해 걸어가야 하며, 그곳을 나와서도 또 하나의 유리문을 열어야 한다. 밤이 오면 어떤 유리문들은 네온 사인을 달고 여기가 정말 출구예요 말하는 듯하지만 그러나 어디에도 출구는 없다. 어떤 유리문을 열면 거기 매맞은 얼굴들이 한 방 가득 들어 있고, 어떤 유리문을 열면 죽은 네 어머니가 웬일이냐 돌아앉으신다. 어떤 유리문을 열면 길 잃은 파리가 윙윙거리는 방안에 허벅지를 드러낸 여자들이 뒤엉켜 누워 있고, 어떤 방문을 열면 네 시신 위로 구더기들이 한없이 쏟아져나온다. 어떤 유리문은 빗속을 맹렬히 달려 너는 젖은 머리칼을 흔들며 죽어라 그 문을 향해 뛰기도 해야 하고, 어떤 유리문은 지하 깊숙이 미로를 개설하기도 한다. 지하 미로의 매달린 문들의 이름을 믿지 마라. 어떤 문엔 친절하게도 오류역이라 적혀 있기도 하고, 혹은 어떤 문엔 십리를 더 가라고 적혀 있기도 하지만, 그 말을 믿지 마라. 이곳의 사람은 아무도 출구를 모른다. 설탕병에 빠진 개미처럼. 일생의 시간을 다 풀어내어 만든 실뭉치 속에 숨어든 파리처럼. 이곳 가슴의 미궁은 그리 넓지 않아 새벽 네시경, 두 시간이면 동쪽 끝에서 서쪽 끝까지 주파할 수 있지만 몸 밖으로 출구를 찾은 사람은 아직 없다. 가슴속 투명한 미궁의 주인은 오늘 또 세간살이를 몽땅 싣고 정읍에서 올라온 다섯 식구를 접수한다. 그들도 이제 들어왔으므로 출구를 모르리라. 미궁의 유리문들이 점점 늘어난다. 길 위에 길이 세워지고, 물길 아래 물길이 세워진다. 너는 늘 떠나지만 멀리 가지 못하고 늘 제자리로 돌아온다. 새로운 길을 개척해보려 하지만, 늘 역시 그 자리로 돌아오고야 만다. 벙어리 네 그림자는 말하리라. 땅바닥에 누워 네 바짓가랑이를 잡고 늘어져서 말하리라. 이 길로 가서는 안 돼요. 그림자 언제나 길은 틀렸어요 말한다. 날마다 복선이 증가한다. 유리벽에 뭘 새길 수 있단 말인가. 그러나 너는 유리벽에 매달려 뭔가 새기려 하고 있구나. 꿈속에 있으면서 꿈속에 전령을 보내려고, 헛되이 허공중에 고운 얼굴을 새기고 있구나. 미로는 날마다 골목 끝에 유리문을 세운다. 이 몸을 깨뜨리고 어떻게 밖으로 나가지? 내 몸 밖에서 누가 나를 아직도 부르고 있는데……

# 故 鄕


고향에 가니 고향은 없고
뜬구름만
고향에 가니 고향은 없고
추억 속의 지도만 마구 접혀져선
시멘트 건물 속에 발라진 채

O선생님은 돈황으로 떠나셨다
돈황, 움직이는 호수가 두 개 있었던 곳
호수가로 물초롱꽃 초롱초롱 피고
그 위로 물초롱새 초롱초롱 날던 곳
아름다운 돈황의 여자가 비단을 짤 때
남자는 페르시아에서 온 대상과 낙타들에게
물 한 초롱 두 초롱 부어주면서
초롱초롱 노래부르던 곳
그러나 그 호수 점점 움직여 사막 속으로 사라져가고
남자와 여자 검은 유령처럼 사막을 떠돌다
하나둘 쓰러져버린 나라, 돈황
모래 속에서 물레 도는 소리 비단 짜는 소리
가끔 들린다는, 모래 속에서 아아아아 휘파람 소리
미라 검은 여자가 더워더워 비단 옷을 벗다가

가끔 햇빛에 들킨다는
있었던 나라 돈황

고향에서 돌아오는 길
마음속에서만 펼쳐지는 지도를
어느 언덕 위에서 펼쳐볼까
내장이 다 비치는 여치 한 마리 차창 유리에 매달려
서울까지 따라오고

# 붉은 수은 십자가 공장


마지막 남은 햇살이
골목에 몇 벌의 수의를 턱
턱 던지고 사라지면

지상의 거울인 하늘
저녁마다 땅 위에 쏟아졌던
모든 피 거둬가는 하늘
그 하늘이 피 거둬가다 말고
문득 뒤돌아서서
교회 지붕마다
아니다 아니다
붉은 가위표를 치고 간다

저마다의 十字架 工場에서 돌아오는 사람들
속에 저녁마다 취해서 돌아오시는 아버지
나는 요새 열이 많다
저기 봐라 시뻘겋다
마지막 수의 깔고 골목에 드러누우신다

# 비

구름이 카악 카악
태양의 면상을 향하여
가래침을 뱉고 지나가고

공중에서 압핀이 쏟아진다
아파 아파 아파 비가 쏟아진다
비의 방은 압핀으로 붙여놓았나
담배잎에 구멍이 숭숭 뚫린다
속옷이 주욱주욱 찢어지고
얼굴에 두 눈에 침이 튄다

(이럴 때 심장은 말짱해요 말할 수 있나
아직도 엽연초 뿌리는 땅속에 있어요 말할 수 있나)

비 갠 후 환하게 트인
하나님의 목울대 사이로
이름 모를 작은 새 한 마리
물방울 터지는 소리로 지저귀며 날아간다

# 피 흘리는 집

눈이 내려
집을 찬찬히 감는다
하늘나라의 붕대가
내려와 상처난 집을 찬찬히
감는다

피고름이 멈추지 않는다
집은 열이 몇 도나 될까
피 흘리는 집이 붕대를 녹인다
붕대 밖으로도 피고름이 흘러 넘친다

상처 속에서 뛰어나온 우리들이
눈 치우개를 들고
이놈의 더러운 붕대!
피 묻은 붕대를 밀어낸다

(눈 녹은 뒤
상처는 더욱 선명하다)

## 新派로 가는 길 1

 종점 옆의 아파트에선 안 봐도 다 알지요. 이불을 덮고 그 위에다 잠을 덮고 있어도 다 알지요. 첫차가 시동을 거는 소리. 아직 잠이 덜 깬 조수가 내 귓속에서 하품을 아! 하는 소리. 그리고 내 속에서 잠들었던 당신이 외양간 문을 열고 나를 끌고 나오는 모습. 버스 위로 고무 호스 속의 물이 쏴아쏴아 쏟아지고 물걸레가 내 귓속을 쓱쓱 닦는 소리. 다시 물이 유리창을 타고 내리면서 어젯밤 내내 달라붙어 있던 내 눈길을 닦아내는 소리. 그리고 당신이 커다란 솔로 내 가슴을 쓱쓱 쓸어주는 것. 아직도 어둠을 질질 흘리고 있는 버스를 다시 주유소 앞으로 끌고 가 덜컥 기름통 문을 여는 소리. 이빠이 넣어 하는 소리 안 들려도 나는 다 듣지요. 그리고 당신이 나를 끌고 논둑길을 걸어가는 것. 나를 잠시 버드나무에 매어두고 샘물에서 물 한 바가지 떠 벌컥벌컥 마시는 것. 당신의 움직이는 목젖. 그 목젖을 타고 울리는 소리. 당신이 내 숨을 꼴깍꼴깍 넘어오는 소리. 당신 바짓가랑이를 점점이 적시는 물. 돈통을 든 남자가 슬리퍼를 지익직 끌며 버스로 걸어가다 말고 내 귓속으로 침을 칙 뱉는 소리. 그리고 당신이 당신 가슴을 쓸며 눈을 들어 머얼리 마을 앞 행길을 바라보는 것. 아 당신의 눈동자로 미끄러져 들어가는 행길. 다시 그 눈으로 망초꽃밭 한번 쳐다보는 것. 버스가 아무도 서 있지 않은 첫 정류장을 지나 내 귀 밖을 나서는 소리. 버스 꽁무니에서 솟아나는 어둠이 잠시 행길을 가리는 것 나는 다 보지요. 누워서도 다 보지요. 그리고 당신이 다시 나를 끌고 개울을 건너는 것. 윗옷 밑으로 빠져나온 희디흰 러닝 셔츠. 나는 누워서 다 보지요. 당신이 지나온 망초꽃밭의 꽃들이 제각각 진저리를 치며 어둠을 털어내고 애타게 당신을 바라보는 것 나는 다 보지요. 시발점이라 하지 않고 종점이라 하는 종점 옆의 아파트에 누워선 안 봐도 다 알지요.

# 新派로 가는 길 2

59번 좌석버스 타고 가고 있는데
내 배꼽으로부터 그대 목소리 탯줄처럼
올라와 갑자기 귀에 리시버를 끼웁니다
나는 갑자기 늙은 胎兒처럼
그대 목소리 胎膜을 쓰고
꼬부라진 주먹을 쪽쪽 빨면서
붕 떠올라 완전히 180도 돌아
달리는 공중에 웅크립니다
배 들어오면 거기 함께…… 버스 안에 갑자기
양수가 차오르고 나는 그대의 배가 되고 싶어
여기 배 들어왔어요 나는 떠지지 않는 눈으로
펴지지 않는 팔다리를 돛처럼 펴려고 안간힘을 쓰는데
이 개새끼야 어딜 끼여들어와!
(기우뚱! 급정거하는 버스!)
털난 주먹이 胎膜을 쑥 뚫고 들어옵니다
갑자기 三流 눈물이 나 내려앉은 좌석 의자
밑으로 줄줄 흘러내립니다 1200만분의 1의 개개 슬픔은
모두 新派입니까 터진 양수처럼 내 안의
바닷물이 한꺼번에 흘러내립니다. 그러면 나는 마치
우리 엄마 끝내 못 낳은 메마른 아기처럼 胎中 監獄에

아직도 갇힌 그대처럼 텅 빈 모래밭의
늙은 배처럼 59번 버스 차창에 눈물을 댑니다

# 新派로 가는 길 3

#1 앞에서 세번째 유리창에 코를 박고
   입술을 대고 비 오는 거리를 내다본다.

#2 빨리빨리 흐르던 물살이
   화면 정지! 멈추고
#3 물길이 양쪽으로 좌악 갈라지자
#4 두 눈에 헤드라이트를 켠 메기들이
   삼렬로 양 방향 모두 정지!
#5 그러자 색색 우산 쓴 금붕어들이 건너간다
#6 아가미 밖으로 물방울 방울방울 숨 터져나오던
   저 지느러미 붉은 열대어
#7 우체국으로 미끄러져 들어간다

#8 유리창 밖으로 흐르는 눈물을 닦을 수 없는
   내가, 화면 속에서 통곡하는 그대에게
   손수건조차 건넬 수 없는 내가

#9 33번 대형 어항이 지나간 다음
#10 물길은 닫히고 물살은 빨라진다

#11 플라스틱 가로수 사이로 비 맞은 머리를 갈퀴처럼 세운
  신문팔이 치어가 지나가고
#12 한쪽 발을 질질 끄을며 중풍 든 자라 한 마리
  슬로 비디오로 왼쪽 어깨가 찌그러진다
#13 공중전화 앞에 줄 선 키싱들
  쉼없이 꼬리치면서 줄어들 줄 모른다
#14 갑자기 높은 물결이 다가와 그 줄을 산산이 흩어버린다
#15 수위는 점점 높아지지만
  손짓발짓 그대 목소리 들리지 않으므로
  난 조금도 무섭지 않다 두렵지 않다

#16 쉼없이 바뀌면서 물 깊어지는 텔레비전 화면에
  입술을 댄 내가 거리를 내다본다
  물 넘치는 거리를

# 新派로 가는 길 4
―― 하얀 낮과 하얀 밤

  하얀 눈. 하얀 토끼. 밤새 하얀 눈 내려 하얀 밤. 하얀 토끼가 하얀 철창 바라보네. 하얀 가운. 하얀 시트. 하얀 팔뚝. 하얀 모자. 하얀 스커트. 돌아서는 하얀 종아리. 하얀 샌들. 하얀 눈 내려 난 하얀 아기를 낳았네. 하얀 우산을 쓰고 먹는 하얀 밥. 하얀 피 만드는 하얀 약, 나는 먹었네. 하얀 눈 속의 하얀 하나님, 창문만큼 높아지고. 하얀 눈 속의 하얀 비밀 있어요. 하얀 이불. 하얀 땀. 아기 예수 하얀 살결. 하얀 벽 너무 높아요. 하얀 입술. 하얀 코. 하얀 우유 속에 하얀 쥐 너무 많아요. 하얀 숨 막혀요. 하얀 눈 자꾸 내려 길 없어요. 하얀 악마. 하얀 지옥. 너무 멀어요. 하얀 하품. 하얀 잠. 하얀 붕대를 풀어주세요. 하얀 종이 위의 하얀 글씨. 내 하얀 시를 지워야지. 하얀 하나님 무심한 순결, 내 피의 길을 밖으로 열어요.

  참, 용하지
  매일 아침마다 하얀 눈꺼풀 열고 하얀 치약을 짜 하얀 이빨에 들이대면서
  하얀 장막을 찢고 대문을 나서는 거

하얀 눈 속의 하얀 삽. 하얀 집 한 채. 하얀 창문. 하얀 커튼 속의 하얀 등. 하얀 할아버지 드세요, 하얀 맛나. 하얀 나비. 나비. 나비. 나비. 엄마 하얀 나비 좀 보세요. 세상에 이럴 수가 있나. 이게 며칠째야. 하얀 엄마. 하얀 기침. 하얀 한숨. 하얀 젖가슴. 하얀 귀 뒤를 타고 내리는 하얀 눈가루, 책상 위에 소복소복. 하얀 눈 내리네. 하얀 처녀의 하얀 웃음. 차곡차곡 내려 쌓이는 하얀 새. 그 새들의 감은 눈. 하얀 새가 내리눌러요. 무거워요. 이불 좀 치워요. 바닷속에 해파리들이 늘어나요. 묵처럼 단단해지는 바다. 하얀 바다. 하얀 가루처럼 부서지는 바다. 하얀 모래 위의 하얀 토끼. 하얀 팔뚝. 하얀 주사기.

하얀 눈이 차오르네
하얀 눈벽이 차오르네
그래도 나 자꾸만 하얀 벽을 드높이 드높이
오오랜 내 문명의 끝은 어디인가요?
부드러움의 지옥
하얀 설탕 지옥에 **빠진** 흰 개미
녹아내리는 하얀 설탕

하얀 개미를 꿀처럼 결박하는 하얀 설탕 지옥
숨이 막혀요

## 황학동 벼룩시장

신기료 할아버지 땡볕 아래 혼자 앉아 계신다
어휴, 저 많은 구두를 언제
서울 사람들이 신다 버린 구두를 남산보다 높이 쌓아놓고
밑창을 갈고, 새끈을 끼우고, 금단추를 달고, 무두질하고
아이구, 저 구두는 원래 달렸던 것이 이제 하나도 남아 있지 않구나
행려병자의 시신이었나 해부하고 나니 국물밖엔 없네
신기료 할아버지 새 구두를 만들어내고 있다
거짓말 같다, 새 구두가 남산보다 높이 쌓여간다

십 년이 지난 모터는 이제 다 닳아 녹이 더 많다
기침을 쿨럭쿨럭 하는 할아버지 기침을 쿨럭쿨럭 하는
기계 심장을 떼어내어 핏빛 페인트 국물에
첨벙 담갔다 꺼낼 때마다
새 무쇠 모터가 생겨난다
그 무쇠 모터가 천 길 땅속의 핏길을 모아
싱싱하게 땅의 체액을 퍼올릴 것 같다

텅 빈 두개골을 양 다리 사이에 하나씩 끌어안고
작업복 입은 청년 하나 머리칼 같은 전선줄을 심고 있다
그 앞의 또 다른 청년 하나 마주보고 앉아 뇌를 심고 있다
간혹 연기도 피어오르고 냄새도 매캐하다
조금 있다보면 거짓말처럼
그 전자 두개골이 머리칼 사이사이에서
전파를 내보내는 것도 보이고
전자 뇌의 현재가 폭죽처럼 터지는 것도 보게 된다
채널을 맞출 때마다 크나큰 외눈을 깜빡거리는 것도 보게 된다

수건 쓴 아줌마 둘이 다친 부처들의 숲속에 앉아 있다
부처들의 야전 병원 같다
백시멘트를 맨손으로 으깨어
둘이 하나씩 부처의 귀를 붙이고 있다
손가락을 이어붙이고 미소를 그려붙이고
점도 하나 그려넣고 있다
얘 아부진 거기 점이 있는디 말이야

잠시 아줌마의 육담에 이끌리다보면
분가루를 뒤집어쓴 부처가
손끝을 말아쥐는 것도 보게 된다
부끄러운 듯 두 발로 아랫도리를 가린 채

## 강변 포장마차

 까만 쓰레기 봉지가 강변 포장마차 앞에 놓여 있다. 그 안으로 담배꽁초가 들어간다. 시들은 국화꽃이 구겨져서 들어간다. 코 푼 휴지가 들어간다. 쉰밥덩이가 들어간다. 남은 곱창이 쏟아진다. 국수 가닥이 말라비틀어져 들어간다. 지금 열차가 도착하고 있습니다. 승객 여러분은 안전선 밖으로 물러서주시기 바랍니다. 단발머리가 들어간다. 말장화가 들어간다. 백납 같은 비구니 둘이 들어간다. 취한 얼굴이 트림을 데불고 들어간다. 문이 닫히려 할 때 아이 업은 여자가 들어간다. 쓰레기 봉지 안으로 씹다 버린 껌이 들어온다. 사과 깡치가 들어온다. 까만 하늘의 별도 들어온다. 머리에 수건을 쓴 여자가 나와 봉지를 묶어놓고 들어간다. 생리대와 생선 대가리 사이에서 인광이 터졌다가 제풀에 사라진다. 뭉게뭉게 냄새가 섞이고 아이의 머리가 불끈 솟은 다음 울음 소리가 터져나온다. 까만 하늘엔 까만 별이 뜨고, 파아란 하늘엔 파아란 별이 뜬다. 승객을 모두 바꾼 을지로 순환 전철은 88분 후에 정확히 강변역에서 다시 멈춘다. 까만 쓰레기 봉지가 강변 포장마차 앞에 놓여 있다. 높이 뜬 역 구내로 생리대가 올라간다. 생선 대가리가 올라간다.

# 木林房


짙푸른 바다 위에 뜬
목단꽃 수천 송이
거짓말같이 몽땅 피었네
한 송이도 시든 꽃이 없어
그리고 그 앞 모래사장인가
희디흰 눈밭인가 목화밭인가
오오 햇솜밭이로군

비 오는 자정 모두 택시 잡아타고 가버리고
버스는 끊겼는지 아무도 지나가지 않고
점원들 다 돌아간 저 木林房
아늑한 불빛 아래 부풀은 소파
자세히 바라보면 국화 이파리에 목단꽃 대궁이 매단
이 세상에는 없는,
저것 좀 봐 커다란 엉덩이
저 쿠션도 좋을 통통한 뱃살
좀 튕겨보라지 저 안락한 살집 속에 희디흰 악마
 영원히 비 맞지 않을 구중궁궐 침방 나인의 녹녹한 젖가슴
 들리잖아 거문고 소리 웃는 마마 쓰러지는 마마 게슴

츠레한
　눈 위를 스치는 길디긴 의자왕의 손톱, 마마
　아니 되옵니다

　남가일몽으로 가는 길이 저렇듯 환할 줄이야
　나만 아는 개구멍도 아닌 저렇듯 투명한 문일 줄이야
　무릉도원 가는 길이 뱃길도 아닌 유리문 열면
　있는 그런 길일 줄이야
　밤 소나기 맞으면서 술 취한 길에 나 혼자
　그대…… 우리…… 저기…… 저거

# 황학동 재생고무호스공업사

머리와 꼬리가 다르지 않은 뱀들
입과 항문이 다 구멍인 저 뱀들
칼로 내리쳐도 각각 다시
살아나서 꿈틀거리는
저 검은 고무 호스들
불 꺼진 집
한 칸을 가득 채운
구부러진 백만 마리의 뱀들
눈곱 낀 흑구렁이들
그 중 긴 것은 시베리아에 머리를 두고
부산 앞바다에 꼬리를 둔 것도 있다 하고
땅 밑 서울을 몇 바퀴나 빙빙 도는 징그러운 놈도 있다고 하지만
이제 죽어 천 토막 만 토막 난 것들
스쳐가는 오토바이의 불빛에
잠시 등가죽에 붙은 애꾸눈으로
창문 밖을 흘기는
저 녹슨 구름 연통들, 혹은
팽팽하게 긴장하며
아랫도리를 빳빳하게 세우며

쾌락에 전신을 맡기며, 또아리를 풀고
힘차게 힘차게 땅속 깊은 곳의 물줄기를
넓디넓은 정원 위에 내뿜던
이제 갈가리 찢어진 壯士들의 주둥이들
주머니가 없어 욕망도 더 큰 검은 구멍 동체들
이제 대낮이 와도
머리와 꼬리 사이가 늘 밤인 저 연놈들
어둠의 서식처들
황학동 재생고무호스공업사 가득
엉켜 잠들어 있네

## 사색과 슬픔의 빛, 울트라마린 블루


이브 클라인이 사색과 슬픔의 빛,
짙푸른 물감통에
하얀 알몸의 여자들을 풍덩풍덩 담갔다 꺼낸다
하얀 광목 위에 울트라마린 블루
몸도장을 찍는다

남태평양에서 원자 폭탄 투하 실험이 있은 후
물새들은 해변의 모래 속에 살기 시작했다
모래를 헤치면 눈꺼풀과 날갯죽지에 모래를 묻힌 새들이
모래 속으로, 더 깊은 모래 속으로 달아났다 아아
바다는 무서워 저 푸른 하늘은 더욱 무서워요

물고기들은 나뭇가지 위에서 살기 시작했다
나뭇가지 위에서 햇빛이 작살처럼 뜨거워요
두 눈이 불거진 물고기들이
저 짙푸른 바다는 끓어요 독약처럼 끓어요
간신히 아가미를 떨어뜨렸다 놓았다 다시 떨어뜨렸다
몇 개 안 남은 나무 이파리들이 몸서리를 쳤다

나는 영화를 본다 브라질 영화 「Pixote」
강도의 아들이 자연스럽게 어린 강도가 되고
자고 먹고 일어나고 손님을 향해 자연스럽게
총을 쏘고,
친구들이 다 죽은 후 창녀의 가슴에 매달려
아기처럼 젖을 빨던 소년 Pixote는 걸어간다
텅 빈 새벽 철로 위를 카우보이처럼,
바지춤에 권총을 꽂고
밥처럼 코카인 먹고 오줌 눌 때처럼 자연스럽게 권총
을 쏘러
시내로 간다
나는 신문을 본다 브라질에선 상인들이
전문 살인 청부업자 총잡이를 고용한다고. 자연스럽게.
저 소년들을 잡아서 죽여주세요
쥐새끼들처럼


수만 년 전 지구상엔 아틀란티스라는 찬란한 문명이,
 그러나 문명은 대폭발 같은 지각 변동으로 멸망했을
것이라 한다
 갑자기 온 땅이 벽처럼 '일어서자

인간들은 모두 바다로 쏟아져 들어갔다
사색과 슬픔의 짙푸른 물감통 속으로
얼마나 지났을까

죽은 엄마의 자궁으로부터 기어나오는 태아
꾸물꾸물 기어나오는 쌍태아
어두운 *深海*에서 눈은 퇴화되고 귓구멍은 커지고
등에는 지느러미가 돋아났을 거야 아마
눈이 헤드라이트처럼 빛을 내뿜었을지도 몰라

나는 집 밖으로 뛰쳐나가 버스를 기다린다
한밤중 두 소년이 내게로 다가온다
아줌마 차비 좀 주세요 싫어 없어 저리 가
두 소년이 나를 걷어찬다 떠밀어 진흙탕에 처박는다
불 꺼진 밤거리 내린 무쇠 셔터 앞에서 나는 사색과 슬픔의 빛
짙푸른 물감통에 온몸을 첨벙 담그고 운다 아니
못 운다

눈앞의 어둠 속, 그림자 하나 휙 지나간다 도둑고양이

한 마리인가
  아니 두 마리다 저 심해어의 눈빛
  아니 세 마리다 파랗다
  아니 열 마리다 스무 마리다 휙휙 지붕을 넘어간다
  어두운 얼굴에 푸른빛 별을 두 개씩 매단 그림자들이 뛴다 난다 넘는다

  사람들이 모두 집으로 가버린 종로 거리에
  쥐떼가 창궐하자
  경비원들과 상인들은 텅 빈 가게와 사무실에 고양이를 넣고
  강을 건너 집으로 돌아갔다
  쥐와 고양이의 전쟁이 계속되었다
  얼마나 지났을까
  쥐들은 모두 죽었다
  그 후 도둑고양이들이 창궐했다
  그들의 몸은 늑대보다 컸고, 몸은 독수리보다 날쌨다.
  한밤중 종로의 주인은 저들이다 쓰레기 봉지 곁에 새끼를 낳는 저들이다
  강 건너 아파트에서 인간들이 잠든 동안

검은 그림자들 뛰어다닌다 잠든 종로의 심해어들 날아다닌다
 칠흑같이 검고 진흙처럼 물컹한 얼굴에
 짙푸른 별을 두 개씩 매달고
 엄마 없는 갓난애기 심해어들처럼
 울며 소리치며 교미하며

# 부여 박물관 어린이용 이음독무덤

부소산성 안 낙락장송 곁에
내가 또 그대 이미지로 집을 짓는다
텅 빈 주춧돌 위에 기둥을 박고
문설주엔 고운 발을 늘이고
서방님 어서 드시지요
청바지 입고 안경 쓴 내가 죽은 왕의 冠을 만들다
돌아올 낭군을 맞아들일 기다리는 여자의
집을 짓는다
준엄한 死者처럼 입을 열어 잘 웃지 않는 나의 낭군
웃으며 나는 물을 긷고 돌을 나른다
골목에선 웃는 사람들
산성 아래를 지나는 사람들의 목소리
햇발이 사람들의 목소리를 핥는다

우리가 공기를 먹듯 공기도 우리를 먹는다
삭아가는 서방님의 허리끈
삭아져 툭 떨어지는 손가락, 어느 날 아침 뼈를 떠나는
살들
소정방이 임금님과 신하 7백을 묶어
백마강 중국 배에 태워 당나라로 끌고 가버린 날처럼

아무도 없는 텅 빈 그곳이 문득, 남는다
내 말의 집 바람에 다 날아가고 다 부서지고
청바지 입고 안경 쓴 내가 백제 그대 드시지요 이곳
으로
맞아죽은 우리 아이는 머리와 몸을 끊어
두 개의 이음독 속에 넣었어요
이렇게 내가 안고 있잖아요
텅 빈 무덤을 껴안 듯
내가 또 텅 빈 말을 껴안는다
내가 백제의 숨을 들이쉬듯
공기가 나를 들이쉰다 그리고
나를 삭인다
가슴살이 한 움큼 뼈를 떠나
운동화 끈 위로 툭 떨어진다
깨어진 토기 사발처럼

## 베어스타운 스키장

 자 봐라, 애야. 잠들면 안 돼. 잠들면 볼 수 없단다. 하얀 선녀들이 하얀 눈 어떻게 뿌리나 볼 수 없단다. 자, 우리 잠들지 말고 하얀 선녀들의 전쟁을 지켜보자꾸나.
 야간 스키도 끝나고 스키어들이 모두 잠든 한밤중 눈대포들이 살며시 계곡 정상에 포진한다. 눈대포는 마치 스피커통 속의 나팔같이 생겼지만 그곳에선 음악 대신 눈이 쏟아져나온다. 곰보달이 찌그러져 눈물을 찔끔찔끔 흘리는 밤 계곡의 양 날개에 포진한 눈대포는 조준, 발사! 눈을 쏟아내고, 팬 달린 컴프레서는 회오리바람을 일으키며 백설을 공중 높이 올려서 눈가루를 계곡 아래로 날린다. 자욱한 회오리바람 속으로 저 아래 계곡의 불 끈 초가집 한 채 머리끄덩이가 휘이익 잡혀 올라간다. 펑펑 터지는 눈포탄, 전쟁이 끝나면 건설이 시작된다. 최루탄 뒤에서 물대포가 터진다. 방독면을 쓴 수위와 경비원들이 깨어진 보도 블록을 한켠으로 쓸고 있다. 어둠 속에서 하얀 선녀를 거느린 숨은 하느님 앞에 전자 눈썰매가 스노비클 부대를 이끌고 나타난다. 그들이 지금 막 도착한 눈탱크 부대를 진두 지휘한다. 탱크에 밟힌 눈이 납작하게 다져진다. 하느님보다 더 완벽하게 눈대포는 산 능선 두 개를 흰 페인트를 쏟아부은 것처럼 칠해놓았다. 곁의 소나무들이 흰 페인트 세례를 맞고 숨이 겨운 듯 파랗게 질려 있다. 눈탱크가 철수하자 중앙고속버스는 눈 전쟁의 참화를 구경하러 남국에서 온 호기심 많은 인파를 하염없이 부려놓곤 사라지고, 눈뜬 스키어들은 눈부셔라 선글라스를 끼고 칼금을 그으며 흰 페인트 위를 미끄러진다. 계곡 옆의 도랑으론 눈포탄에 쓰러진 희디흰 선녀들의 옷자락, 구성진 소리를 내며 하염없이 녹아내리고.

# 나의 우파니샤드, 서울

### 1

아침 일고여덟시경
나는 생각한다
서울에서 지금
일천이백만 개의 숟가락이 밥을 푸고 있겠구나

동그랗구나
숟가락들엔 모두 손잡이가 달렸다
시끄러운 아스팔트 옆
저 늙은 나무엔 일천이백만 개의 손잡이가 달린 이파리들이 달렸다

### 2

하늘이 빛의 발을 서울의 동서남북
환하게 내다 걸면 태양이 일천이백만 쌍
우리들 눈 속으로 떠오른다 그러면

서울 사람들, 두 귀를
가죽배의 방향타처럼 쫑긋거리며
이불을 털고 일어난다

바람이 내 안으로 들어왔다 그대 안으로
들어가고, 다시 그대 숨이 내 숨으로
들어오면 머리 위에서 신나는 풀들이
파랗게 또는 새카맣게 일어선다 오오

그러다 밤이 오면 죽음이 오백 년 육백 년 전 할아버지의
배꼽을 지나 내 배꼽으로
들어오고 일천이백만 개의 달이
우리의 가슴속을 넘나들며 마음 갈피갈피
두루두루 적셔준다

한밤중 서울의 일천이백만 개의 무덤은 인중 아래
모두 봉긋하고 오오오
또 한강은 일천이백만의 썩은 무덤 속을 헤엄쳐나온
일천이백만 드럼의 정액을 싣고 조용히 내일로 떠난다

다시 하늘이 빛의 발을 서울의 동서남북 내다 걸면
일천이백만 쌍의 태양이 눈을 번쩍 뜨고

저 내장들의 땅속 지하 삼천 미터 속까지
빛살 무늬 거룩하게 새겨진다

## 레인 피플

밤비가 찬찬히 빌딩을 닦고 있다
가끔씩 내려오는 하늘 그림자는
언제나 투명하다
우리 모래 나라의 깃발도
조금씩 깨끗해지고 있다
투명하게 울고 있는 비
하늘나라엔 레인 피플이 사는데요
그들은 너무 울고 울어서
결국엔 모두 사라지게 된대요
물이 다 빠지면 꼭 우리같이 생겼대요
우산을 치우고 잠시 올려다보면
저 멀리 롯데호텔도
손을 들어 감은 머리를 빗어내리고 있다
모래 기둥이 조금씩 무너져내려 길가에 쌓이면
투명한 그림자가
그것들을 쓸어내가고 있다

내 팔짱을 풀고 그가 운다
밤비가 닦아놓은
길 위에

눈물이 덜 마른 그가 잠깐 서 있다 사라진다
내가 찬찬히 닦여진다

## 불쌍히 여기소서

삼천 개의 뛰는 심장이
전동차 열 량을 끌고 간다
삼백 개의 따스한 심장이
지하로부터 무쇠 에스컬레이터를
끌어올리기도 한다
다시 삼만 개의 고린내나는 발가락이
저 푸른 하늘 아래
저 쉼없이 흐르는 강 위에
전동차 열 량을 올려놓는다
만원 전동차 안, 내 심장 일심실 곁에서
삶으면 한 움큼도 안 될
쉰 머리칼의 할머니 분홍빛 심장 이심실이
뛴다 코티분 분통 터진 것보다
더 화한 심장이 뛴다

저 검은 머리털 아래
저 하찮은 에드윈, 언더우드 아래
저 붉은 심장들이
숨어서 뛴다
오우 하나님 보시옵소서

따뜻한 속꽃 삼천 송이로 지은 심장 만다라
지금 한강 노을 속에 잠시
떴나이다

〈해 설〉

# 몸의 시학, 역동적인 에로스

성 민 엽

 김혜순은 우리 시에서 보기 드문, 놀라운 여류 시인이다. 우선, 세칭 여류시의, 서정 일변도에 감상적이며 비성찰적인 면모가 그녀에게서는 거의, 아니 전혀 나타나지 않는다. 그녀의 언어는 한마디로 치열하며 때로는 극렬하기까지 한데, 여류라는 범위를 훨씬 벗어날 뿐만 아니라, 최승자와 더불어 우리 시의 한 극단을 이룰 정도이다. 그러나 더욱 놀라운 것은 그녀의 시세계가 무척 폭이 넓다는 점이다. 그 폭넓음은 제재나 주제, 방법, 혹은 시적 경향 같은 차원에서의 그것이 아니라, 해석의 지평이라는 차원에서의 그것이다. 그녀의 시세계는 적절한 하나의 의미망으로 해석되고 나면 더 이상의 해석의 여지가 별로 없게 되는 그런 단일성의 세계가 아니라, 때로는 상반되는 것들까지를 포함하여 여러 가지 해석의 공존이 가능한 복합성의 세계이다. 시인 자신의 의식적 의도가 어디까지가 닿았을지가 궁금해질 정도인데, 생각건대 그 복합성은 대부분 그녀가 무의식적 의도와 일종의 자동기술에 스스로를 활짝 열어놓는 데서 가능해진 것이 아닐까 싶다.

김혜순의 복합적인 세계의 몇몇 단면들은 이미 적절한 해석의 조명을 받은 바 있다. 일찍이 오규원은 김혜순 시의 방법적 드러냄에 주목했고, 진형준은 죽음에 대한 김혜순의 철저한 인식과 부정·냉소·아이러니를 통해 죽음이라는 운명에 저항하고자 하는 그녀의 마녀적 지향을 읽어냈으며, 김현은 김혜순의 부정의 언어가 뜻밖에도 행복한 여성성을 드러내고 있음을 밝혀주었다. 또 남진우는 김혜순 시의 여러 측면들을 비교적 넓게 지적하면서, 특히, 현실의 부정성을 극단적으로 과장해서 드러내는 그녀의 시의 어조가 비극성과 전혀 동떨어진 탄력성과 경쾌함을 동반하고 있다는 데 주목, 거기서 김혜순의 강렬한 유희 정신을 찾아내었다. 남진우에 의하면 김혜순의 유희는 "자신을 무로 돌림으로써 세상의 숨구멍을 트는 지난한 작업"이다.

김혜순의 시세계는 이러한 다양한 해석들을 모두 용납한다. 단편적인 시구에 대한 해석을 놓고 보더라도, "엄마, 나 배고파/옳다! 처음 들어본 소리다"라는 구절이 진형준에게는 싱싱한 육체적 욕구에 대한 긍정적 찬탄으로 읽히고, 김현의 맥락에서는 "엄마가 제일 즐거운 순간은 아이가 요구하는 순간"이라는 의미로 읽힌다. 독자의 입장에서 볼 때 난점은 이러한 해석들을 두루 포괄하는 단일 해석의 체계가 쉽게 구축되지 않는다는 데에 있다. 다만, 김혜순의 시를 통시적 맥락에서 볼 때에는 해석의 중심축이라고 할 만한 것들이, 그리고 그것들의 교체 변모 과정이 어느 정도 부각된다. 그렇게 볼 때 우리는 김혜순의 새로운 시집으로부터, 그녀 특유의 부정의 언어가 긍정적인 것에 대한 추구의 열망과 등을 맞대고 있음이 분명하다는 것, 그리고 그 추구가 몸의 시학이라 부를 만한 독특한 세계를 빚어내고 있다는 것을 발견할 수 있다.

김혜순 특유의 부정의 언어는 여전히 치열하게 약동하고 있다. 두루 지적되어온 바의 번뜩이는 기지와 때로는 차갑고 때로는 뜨거운 아이러니, 그리고 변형과 왜곡을 통한 현실에의 저항, 그것을 진술해가는 경쾌하고 탄력적인 리듬과 그 놀라운 속도감은 여전한 것이다.

1) 메추리 굽는 냄새가 공중에 떠오르지 못하고
　　바닥에 떨어진다
　　메추리 살이 빗방울과 함께
　　아스팔트 위에 새까맣게 탄다
　　　　——「비 오는 날, 남산 1호 터널 들어가는 길」에서

2) 우리는 서로의 어항을 돌린다 어쩌다 붕어 네 마리가 마주친다
　　잠시 후 저쪽 대각선 그어서 반대쪽 등받이 앞에서 파란 연필을 놓은 오른손이 올라와 어항의 밑바닥을 받친다
　　기울어진 어항의 물이 자칫 쏟아질 것만 같다
　검은 머리칼 다발이 출렁 하고, 안경이 콧등까지 미끄러진다
　　어항의 뺨 위로 보이지 않는 두 줄기 물이 흘러내린다

붕어 두 마리 감겨지고 물 새는 어항이 더 숙여진다 위태
하다                   ──「블라인드 쳐진 방 2」에서

3) 유리문을 밀고 들어가면 또 유리문이 나온다. 유리문 안
쪽엔 출구라고 씌어 있고, 바깥쪽엔 입구라고 씌어 있지만
그러나 나가든 들어가든 언제나 너는 어떤 몸의 내부에 속
해 있다. 〔……〕 내부의 사람이면 누구나 유리문을 밀고 나
가 또 하나의 유리문을 향해 걸어가야 하며, 그곳을 나와서
도 또 하나의 유리문을 열어야 한다. 밤이 오면 어떤 유리
문들은 네온 사인을 달고 여기가 정말 출구예요 말하는 듯
하지만 그러나 어디에도 출구는 없다. 〔……〕 이곳의 사람
은 아무도 출구를 모른다. 설탕병에 빠진 개미처럼. 일생의
시간을 다 풀어내어 만든 실뭉치 속에 숨어든 파리처럼.
                            ──「서울」에서


 1)에서 비의 낙하에 휩쓸려 추락하는 냄새라는 이미
지, 냄새의 살로의 변형, 그리고 그것이 새까맣게 탄다
(더구나 "빗방울과 함께" 탄다)는 묘사, 그 묘사에 교통 체
증의 안타까움과 의사 소통의 단절의 안타까움을 싣는 발
상 등은 모두 기지로 가득차 있다. 2)는 얼굴을 어항으
로, 눈을 붕어로 바꿔놓음으로써 이 세미나를 희화화한
다. 상호간에 소통이 단절된 상태에서의 세미나란 허구에
지나지 않을 것이다. 그 허구에 대한 풍자는 이 기발한
비유를 통해 존재 자체의 허구에 대한 야유로까지 나아간
다. 우리 존재의 실상은 곧 엎질러질 것 같은 위태한 어
항의 상태가 아니냐는 것이다. 3)의 겹겹의 유리문과 그

악순환이라는 기발한 비유는 타락한 세계에 갇힌 절망을 핍진하게 드러낼 뿐만 아니라 속임수의 세계와 그 속임수에 놀아나는 우리를 다 같이 야유한다.

그런데 이번 시집에서 김혜순의 부정의 언어는 몸이라는 주제를 중심축으로 하여 펼쳐지고 있다. 위의 인용 3)은 서울, 혹은 타락한 세계의 공간을 하나의 몸으로 파악하고 있다("너는 어떤 몸의 내부에 속해 있다"). 그 몸은 나를 가두고 있는 공간인데, 그것은 동시에 나 자신의 몸이기도 하다. 이 시의 말미를 보라.

이 몸을 깨뜨리고 어떻게 밖으로 나가지? 내 몸 밖에서 누가 나를 아직도 부르고 있는데……

'이 몸'이 곧 '내 몸'이다. 일종의 착란인가. 그렇다. 그것은 의도적 착란이다. 똑같이 서울을 갇힌 공간으로 파악하더라도, 그것을 방주에 비유한 「서울의 방주」와 몸에 비유한 위 인용시 사이에는 현격한 차이가 있다. 방주로서의 서울과 나는 가두고 갇히는 관계에 있을 뿐이지만, 몸으로서의 서울과 나는 서로가 서로를 비추는 거울의 관계에 있다. 「서울 길」에서는 내 몸과 빌딩의 몸과 서울의 몸이 중첩된다. 어떻게 이런 동일화가 이루어지는가. "마음이 제 몸을 한껏 부풀려 또 마음을 낳"기 때문이다. 나를 기준으로 본다면 확대 중첩이고, 세계를 기준으로 본다면 세계의 내면화이다.

막무가내 서울에 봄이 밀어닥친다

필멸의 내장 속 길로 원추리, 미나리, 봄나물이 밀려 들
오고
　　구절양장 굽이굽이 간판들이 내어걸린다
　　　　　──「이제 마악 잠이 깬 서울의 공주」에서

　내면화의 맥락에서 몸은 부정적인 것으로 나타난다. 그때 몸의 내부는 필멸의 내장이다. 내장은 먹고 소화시키고 배설하는 일에 관여하는바, "엄마, 나 배고파" 같은 예외가 없는 것은 아니지만, 대체로 김혜순에게 식욕이 죽음·폭력과 관계되는 부정적인 것으로 나타나는 데서 알 수 있듯 내장으로서의 몸은 부정적 가치이다. 세계의 부정성의 내면화가 세계의 몸과 나의 몸의 중첩을 가능케 한다.
　그러나 김혜순의 이번 시집은 내면화에 의한 중첩보다는 확대 중첩을 훨씬 많이 보여주고 있다. 그런데 그 확대 중첩은 많은 경우 나의 바깥을 향하지 않고 나의 안을 향한다. 여기에 이번 시집의 비의가 담겨 있다.

　　참 오래 된 호텔. 밤이 되면 고양이처럼 강가에 웅크린 호텔. 그런 호텔이 있다. 가슴속엔 1992, 1993…… 번호가 매겨진 방들이 있고, 내가 투숙한 방 옆에는 사랑하는 그대도 잠들어 있다고 전해지는 그런 호텔. 내 가슴속에 호텔이 있고, 또 호텔 속에 내가 있다. 내 가슴속 호텔 속에 푸른 담요가 덮인 침대가 있고, 또 그 침대 속에 내가 누워 있고, 또 드러누운 내 가슴속에 그 호텔이 있다.
　　　　　──「참 오래 된 호텔」에서

호텔이라는 몸 속에 내가 있고, 또 그 내 몸 속에 호텔이 있고, 또 그 호텔 속에 내 몸이 있다. 안을 향하는 확대 중첩이 겨냥하는 것은 관능이다. 이때 이인칭이 등장한다.

1) 내 마음엔 웬 실핏줄이 이리도 많은지요 이 실핏줄을 다 지나야 그곳에 당도하게 되겠지요 〔……〕 날마다 당신에게로 가는 길이 늘어나요 길 속에 길이 있어요 〔……〕 언제 저 길을 다 뒤져 당신을 찾아내지요 당신이 보고 싶어요
——「서울 길」에서

2) 잠들려고 하면 내 몸 속의 계단을 올라오는 발자국 소리 들린다 〔……〕 그가 발걸음을 옮길 때마다 불켠 상자처럼 내 몸의 방들이 환해졌다 어두워졌다 한다 단풍 환한 방이 닫히고 폭설의 방이 열린다 눈물샘이 환해진다 배꼽이 불을 켠다 ——「출구를 찾아라」에서

3) 몇십 개의 계단을 올라야
　　잠든 너를 깨울 수 있니
　　저 혼자 불켠 엘리베이터를 타고
　　온몸으로 두근거리는 내가
　　잠든 너의 몸 속을
　　한밤중 소리도 없이 오르고 있다 ——「서울의 밤」에서

1)의 당신과 2)의 그는 내 몸 속에 있다. 그러나 내 몸

속에 있음에도 불구하고 나와 당신(혹은 그)과의 만남은 이루어지지 않는다. 3)은 그 역이다. 내가 너의 몸 속에 있지만 둘의 만남은 이루어지지 않는다. 만나지지 않는 너라는 주제는 이번 시집의 도처에 산재해 있다. 만남은 이루어지지 않지만, 그러나 그 만남이 무엇을 의미하는지는 이미 상대를 찾아가는(혹은 상대가 찾아오는) 과정에서 분명하게 드러난다. 2)에서 그의 찾아옴은 내 몸에 일정한 반응을 일으킨다. 그의 찾아옴이 내 몸 속에서 이루어지고 있으므로 내 몸이 거기에 반응하는 것은 자연스러운 일인데, 그 반응은 관능적이다. 내 몸의 방들이 환해졌다 어두워졌다 하고, 내 몸의 눈물샘이 환해지고, 내 몸의 배꼽이 불을 켜는 것이다. 3)에서 너를 찾아가는 나는 온 몸으로 두근거린다. 만남에의 기대가, 아니 찾아가는 과정 자체가 관능에 불을 지피는 것이다.

불지펴진 관능이 타오를 때 거기에 행복한 에로스의 세계가 형성된다.

> 바람이 내 안으로 들어왔다 그대 안으로
> 들어가고, 다시 그대 숨이 내 숨으로
> 들어오면 머리 위에서 신나는 풀들이
> 파랗게 또는 새카맣게 일어선다 오오
> ——「나의 우파니샤드, 서울」에서

이 세계에서는 갈등이 해소되고 화해가 이루어진다. 고립된 자아들 사이에 놓여 있는 단절의 심연이 사라지고 거기에 화합의 새로운 공간이, 역동적으로 피어난다. 김혜순의 에로스는 역동적 생성의 그것이다. 김혜순은 종종 자연 풍경에서 그 역동적 생성의 에로스를 포착해 산뜻한 조형으로 제시해주기도 한다.

 1) 초승달의 눈썹이 깜빡깜빡
    열렸다 닫히면서
    애무에 젖는다
    보이지 않는 구름의 손이
    보이지 않는 달의 몸을 만지는 듯
    달은 칠흑의 허량방천으로
    천천히 떠밀리면서
    깜빡깜빡 죽었다 깨어난다
    ——「아직도 서 있는 죽은 나무」에서

 2) 밤마다 지구가
    달을 어룬다
    푸른 지구는 한껏 몸을 부풀려
    오, 아름다운 그대 눈동자!
    달의 뺨을 어루만진다
    그가 달을 애무할 때마다
    밤하늘이 바알갛게 달아오르고
    뿌옇게 달무리진다          ——「땀」에서

 위 인용들은 그 조형을 노골적인 성적 비유에 의하고 있는데, 김혜순다움이 잘 나타나는 것은 오히려,

나무들이 젖은 몸을 부르르 떨었다
해가 단번에 중천에 떠올랐다 ──「대관령」에서

같은 대목이다. 단 두 행으로 역동적 생성의 에로스가 힘 있게 조형되고 있는 것이다.

그러나 김혜순은 그 행복한 에로스의 세계를 마음껏 향유하거나 거기에 탐닉하지 못한다. '너'와의 만남이 끝없이 유예되고 있기 때문이다. 그 끝없는 유예가 그녀로 하여금,

〔……〕 수면 위에 내 말의 꽃 끝내 못 피우고
그대 지붕 위에 물꽃 소리 못 피우던 거
내 몸 혼자 뒤채고 부풀리던 거
정녕 모르신다곤 않으시겠지요?
──「新派로 가는 길 5」에서

라고 탄식하게 한다. 그녀의 에로스는 아직 불완전한 에로스이다. 그래서 "내리지 않는 비로 누워서/혼자 소용돌이치다 혼자 온몸 다 젖"는 것(「新派로 가는 길 5」)이며, 그 몸은 때로 "갈망으로 뭉그러진 몸뚱어리"(「부안군 변산면 마포리 하섬」)로 인식되는 것이다. 불완전한 에로스는 때로 위태로움으로 느껴지기도 하고(「블라인드 쳐진 방 3」의 "얼음 눈꺼풀 너무 뜨겁습니다 감은 몸 속 방안이 더 뜨거워지려 합니다 가방을 베고 얼음 능선 위에 모로 드러눕습니다" 같은 구절을 보라), 때로는 가학/피학의 왜곡된 관능으로 나타나기도 한다(「月岳山」에 묘사되는 태풍과

산의 관계를 보라). 그 불완전한 에로스는,

> 죽은 나무가 아직도 눕지 않고 서서
> 문틈으로 깜빡거리는
> 눈썹을 보며
> 밤새도록 흐르는 달의
> 살을 훔친다 ——「아직도 서 있는 죽은 나무」에서

에서 보듯, 완전한 에로스를 동경한다. 우리는 그 동경이 죽은 나무를 아직도 서 있게 하는 힘이라는 점을 눈여겨보아야 할 것이다.

여기서 잠깐 짚고 넘어가야 할 것은 그 에로스의 물질적 상상력이 물에 맞닿아 있다는 점이다. 대체로 그 에로스는 젖어 있다. 구름성의 여자는 "혼자 소용돌이치다 혼자 온몸 다 젖"으며(「新派로 가는 길 5」), 블라인드 쳐진 방이 "뜨겁게 젖"고(「블라인드 쳐진 방 1」), 대관령의 나무들이 "젖은 몸을 부르르" 떠는 것(「대관령」)이다. 그 물은 때로 땀으로 구체화되기도 하는데, 땀은 "제 몸에서 나"와서 "그의 몸을 포근히 적셔"주는 물이다(「땀」). 에로스는 흔히 불—열과 관련되는 법인데, 김혜순은 많은 경우 그것을 왜 물로 상상하는 것일까. 이 의문을 살피려면 「너와 함께 쓴 시」의 전문을 읽을 필요가 있다.

왜 내 마음은 단칼에 잘라지지 않는 걸까요? 깨끗이라고 말하면서 깨끗이 헹구어낼 수 없는 걸까요? 1980년엔 결혼을 했어요. 불이 났어요. 늑막염에 또 걸렸어요. 그 다음해부터 라일락 꽃잎이 냄새가 안 나요. 종이꽃들이 폈다가 져요. 물 속에선 물꽃들이 폈다가 지고, 불 속에선 불꽃들이 피었어요. 죽은 나무도 정원에 서 있어요. 죽은 지 7년이 지났는데 아직도 서 있어요. 해지고 나면 혼자 열 손가락 벌려 저 혼자 타올라요. 1974년엔 강둑에서 반딧불을 잡았어요. 잡아서 주머니에 넣었어요. 불꽃은 타올랐다 꺼지나요? 저 산을 넘어간 저녁 해가 어디로 간 줄 아세요? 피칠을 한 숯덩이가 내 몸 속을 굴러다니나봐요. 갑자기 왼쪽 눈이 환해져요. 또 어떤 날은 목이 환해지면서 모두에게 들켜요. 목이 왜 그래? 사람들이 물어요. 왜 내 마음은 단칼에 잘라지지 않는 걸까요? 1975년엔 물 속에 누워 있었어요. 물 밖으로 나오기 싫었어요. 나와서 숨쉬기 싫었어요. 물뱀 한 마리 머리를 곧추세우고 나를 보고 있었어요. 1991년엔 마음이 뭉쳐진 것 같았어요. 달군 돌처럼 뜨거워졌어요. 내가 내 마음을 어찌할 바 몰라 왼손 오른손 옮겨지다가 아직도 들고 있어요. 왜 내 마음은 단숨에 치지직 소리를 내면서 꺼지지 않는 걸까요. 왜 나는 자꾸 자꾸 뜨거운데 물은 가슴속까지 들어와주지 않는 걸까요. 왜 내 마음은 아직도 꺼지지 않는 걸까요.　　──「너와 함께 쓴 시」전문

다소 난삽하지만, 나열되고 있는 세 개의 시간대를 시간순으로 재구성해보면 윤곽이 나타나는데, 그것은 물과 불의 투쟁이다. 정리하면 이렇다. 1974~75년: 피칠을 한 숯덩이, 즉 불이 몸 속을 굴러다녔다. 그렇다는 것을 사람들에게 들키는 게 싫었다. 그래서 물 속으로 숨었다.

물뱀 한 마리가 머리를 곧추세우고 나를 보고 있었다. 1980년: 결혼을 했고, 불이 났고, 늑막염에 또 걸렸다. 죽은 지 7년 된 나무가 열 손가락 벌려 저 혼자 타오른다. 1991년: 마음이 달군 돌처럼 뜨거워졌다. 그 마음을 왼손 오른손 옮기며 아직도 들고 있다. 어쩔 줄을 모른다.

시의 화자는 불의 에로스가 싫지만 그것은 운명처럼 그녀를 따라다닌다. 74년, 즉 처녀 시절에 불의 에로스는 도덕적 자책의 대상이어서 그녀는 그것을 의식적으로 거부했다. 그러나 그것은 무의식 속에 여전히 남아 있다. 머리를 곧추세운 물뱀이 그것이다. 80년, 결혼을 했는데 그것은 불의 에로스의 부활이다. 불의 에로스는 그녀를 다치게 한다. 죽은 지 7년 된 나무는 그녀의 자의식이다 (74년과 80년의 시차가 바로 7년이다). 그 나무가 다시 타오른다. 91년, 불이 왕성하다. 너무 뜨거워 감당을 못 하면서, 그러나 그 불을 꺼뜨리지 못하고 있다. 그녀는 그것을 꺼뜨리고 싶다. 필요한 것은 충분한 물이다. 어쩌면 그녀는 에로스는 불인 줄만 알았는지도 모른다. 그 불을 끌 물은 무엇인가. 그러나 불의 에로스만이 아니라 물의 에로스도 있다! 이 깨달음으로부터 김혜순의 90년대 시가 나오고, 물의 에로스의 추구가 몸의 시학을 빚어낸다. 김혜순에게 불의 에로스는 파괴·죽음·증오·아픔 등의 부정적 가치로 나타난다. 물의 에로스는 그 반대이어서 주로 위안·휴식 등의 긍정적 가치로 나타난다. 그러나 김혜순의 시는 그 둘에 대한 양자택일에서 나오는 것이 아니라, 그 둘의 상호 작용에서 나온다. 사실상 역동적 생성이라는 것은 불만으로도, 물만으로도 이루어지지 않는 것이 아닌가. 그것은 불과 물의 상호 작용 속에 있는 것이다.

또한 주목할 것은 김혜순의 에로스가 환하다는 속성을 가졌다는 점이다.

1) 피칠을 한 숯덩이가 내 몸 속을 굴러다니나봐요. 갑자기 왼쪽 눈이 환해져요. 또 어떤 날은 목이 환해지면서 모두에게 들켜요.  ——「너와 함께 쓴 시」에서

2) 열망으로 내 배꼽이 환해진다.
    ——「참 오래 된 호텔」에서

3) 눈물샘이 환해진다  ——「출구를 찾아라」에서

그 환함은 불(1, 2)과 물(3) 모두에 해당되는데, 그것은 또한, 김혜순이 아주 드물게 보여주는, 그녀의 이상향의 정면에서의 모습이 지니는 속성이기도 하다. 김혜순의 이상향은,

돈황, 움직이는 호수가 두 개 있었던 곳
호수가로 물초롱꽃 초롱초롱 피고
그 위로 물초롱새 초롱초롱 날던 곳
아름다운 돈황의 여자가 비단을 짤 때
남자는 페르시아에서 온 대상과 낙타들에게
물 한 초롱 두 초롱 부어주면서

### 초롱초롱 노래부르던 곳 ——「故鄕」에서

처럼, 갈등이 소멸되고 화해와 화합이 이루어지는 곳이다. 역사적으로는, 사라져버린 옛 돈황이 그 표상이 되고, 실존적으로는, 역시 없어져버린 고향이 그 표상이 된다. 현실에는 없는 그 이상향은 환하다. "선생님이 부서진 기왓장 하나 주우시며/백제 때 기와일까요 환하지요 하신다"(「기다림에 관하여」)에서의 환함은 그런 의미로 울린다.

환한 에로스의 힘으로, 이 세계의 타락과 죽음을 극복하고 행복한 세계의 새로운 생성에 다가갈 것을 김혜순은 꿈꾼다. 그 꿈꾸기가 「저 새」「슬픈 서커스」 같은 절절한 작품을 낳는다.

> 네가 내 손을 잡았던가
> 순간, 내 가슴속에서 두 날개를 세차게 퍼덕거리다
> 온몸 가득 *必滅*의 내장 위로
> 푸른 하늘을 밀어올리는 저 새를 보라
> 떠오르는
> 맞잡은 손
> 의 전생을,　　　　　　　　——「저 새」에서

환한 에로스의 생성의 힘이 "자리 펴고 누울 곳 없어/하늘로 땅으로 분주히 일생을 떠는 저 새!"에게 초월의 비상을 가능케 해준다. 그 초월은 "온몸 가득 필멸(必滅)의 내장 위"에서의 초월이다. 그것은 필멸의 내장을 버리는 초월이 아니다. 필멸의 내장을 껴안는 초월이기 때문에 에로스의 힘이 필요한 것일 터이지만, 「슬픈 서커스」는 그 껴안음을 그야말로 애절하게 그려내고 있다.

> 그녀는 대걸레 남자의 포켓에 손수건 하나 끼워준다
> 행복한 여자의 머리 위에서 손수건 꽃이 저절로 핀다
> 여자는 걸레를 안고 잠이 든다
> 걸레도 손을 들어 그녀의 꽃을 만져준다
> 그들은 너무 사랑하므로 포개어진 두 손은 하나처럼 보인다
> 아무리 눈을 부릅뜨고 보아도 둘이 합해
> 그들은 팔이 두 개다
>
> 푸른 바께쓰 신발이 그녀의 다리 사이로 파고든다
> ——「슬픈 서커스」에서

이 애절한 껴안음의 에로스가 "방통대 옆 쓰레기더미 속에서 느닷없이/똥파리 한 마리 솟아오르자/막무가내 봄이 쳐들어온다"(「이제 마악 잠이 깬 서울의 공주」) 같은, 얼핏 진부할 수도 있을 시구에 생동하는 희망의 빛깔을 입혀주며, 황학동 벼룩시장의 고물 재생에서 우리 삶의 재생의 희망을 엿보게 해준다.

한때 마녀를 자칭하기도 했던 김혜순의 이러한 변모는 자못 놀라운 것이기도 한데, 이 변모는 아마도 사회적·실존적 의미망의 확충을 좀더 필요로 하는 것이 아닐까, 하는 생각이 들어, 이를 사족으로 달아둔다. ▨